Abdulrahman al-Salimi

On the Reception of Early Ibadi Theology

Abdulrahman al-Salimi

On the Reception of Early Ibadi Theology

A Commentary on the *Book on Monotheism* by ʿAbd Allāh b. Yazīd al-Fazārī (2nd/8th Century)

2021

Harrassowitz Verlag · Wiesbaden

Bibliografische Information der Deutschen Nationalbibliothek
Die Deutsche Nationalbibliothek verzeichnet diese Publikation in der Deutschen Nationalbibliografie; detaillierte bibliografische Daten sind im Internet über https://dnb.de abrufbar.

Bibliographic information published by the Deutsche Nationalbibliothek
The Deutsche Nationalbibliothek lists this publication in the Deutsche Nationalbibliografie; detailed bibliographic data are available in the Internet at https://dnb.de

For further information about our publishing program consult our website https://www.harrassowitz-verlag.de

© Otto Harrassowitz GmbH & Co. KG, Wiesbaden 2021
This work, including all of its parts, is protected by copyright. Any use beyond the limits of copyright law without the permission of the publisher is forbidden and subject to penalty. This applies particularly to reproductions, translations, microfilms and storage and processing in electronic systems.
Printed on permanent/durable paper.
Printing and binding: docupoint, Magdeburg
Printed in Germany

ISBN 978-3-447-11701-2

إهداء إلى
فاطمة بنت محمد الحجرية

To
Fāṭima bint Muḥammad al-Ḥajrīyī

Contents

Chapter One

Introduction

This work is based on a discussion of the teachings of ʿAbd Allāh b. Yazīd al-Fazārī found in the recently discovered theological text entitled *kitāb fī al-Tawḥīd*, a book on monotheistic doctrine by an anonymous author. The text manuscript is in two copies that have been found in private libraries in Mzab in southern Algeria and is among the collection of texts by al-Fazārī published by Brill, (IHC 106). It is unique because it is among the rare known works to include details of the doctrine of the Ibadi-Nukkār, the followers of Yūsuf b. Fandīn, who rejected the election of the Rustumid Imamʿ Abd al-Wahhāb b. ʿAbd al-Raḥmān b. Rustum (r. 171-208/788-824). Another group was al-Ḥusayniyya – the followers of Aḥmad b. al-Ḥusayn al-Ṭarabulṣī (d.c. 260/874). This schism among the Ibadi in North Africa was echoed among the Ibadi leaders in Basra during the late 2/8 century. Al-Rabīʿ b. Ḥabīb al-Farāhīdī, Wāʾil b. Ayyūb, and Maḥbūb b. al-Raḥiyl supported the Rustmid Imam while al-Fazārī supported Yūsuf b. Fandīn and the Nukkār and Aḥmad b. al-Ḥusayn supported ʿIsā b. ʿUmayr who was close to the Muʿtazilite position on the use of intellectual proofs in support of Islamic beliefs and obligations.[1]

Following this discussion, we will examine how the theological teachings of ʿAbd Allāh b. Yazīd al-Fazārī continued in the Ibadi school in the *Mashriq* (Oman, Yemen and Eastern Iran) as well as in the*Maghreb* (North Africa). As C. Nallino noted, these theological trends reflected the early Islamic scholastic debates in al-Basra and their influence on the theological debates in North Africa, which broadened the range of topics discussed between the various schools of theology before the rise of the Almohad state and the spread of Ashʿarite teachings in North Africa.[2] The following analysis of this theological monograph is based on two copies

1 ʿAbdulrahman al-Salimi and Wilferd Madelung (ed.,)*Early Ibāḍī Theology: six Kalām texts by ʿAbd Allāh b. Yazīd Fazārī*, p. 1-9, Leiden: Brill, 2014; Van Ess, *Theologie und Gesellschaft im 2. und 3. Jahrhundert Hidschra*, v. 1, p. 415; Martin Custer, *al-Ibadiyya bibliography*, v.2, p.87, Olms Verlag 2016. Madelung, Wilferd, ʿĪsà b. ʿUmayr's Ibāḍī theology and Donatist Christian Thought. In: Hansberger *et al.* (eds.) 2012, 99-103; Madelung, Wilferd, *ʿAbd Allāh b. Yazīd al-Fazārī's rebuttal of the teaching of Ibn ᶜUmayyir.* Mühlethaler; Schwarb; Schmidtke: (eds.) *Theological rationalism in medieval Islam*, Peeters Publishers; Abdulrahman al-Salimi, "Early Ibāḍī Creed in the 2nd/8th Century: a Study of Wāʾil b. Ayyūb's ʿnasab al islam' (The Lineage of Islam)", in *The Muslim World* 105/2 (2015), p. 194-209; Cuperly, *Introduction*, p.261; *EI*[2] I:163-164: Abū Yazīd Makhlad b. Kaydād al-Nukkārī (S.M. Stern); Cherbonneau, M., Documents inédits sur l'hérétique Abou-Yezid Mokhalled Ibn Kaidad de Tademket, traduits de la chronique d'Ibn Hammad.*Journal Asiatique* (Paris), 4e série tome 20, (1852), 470-510; Cherbonneau, M., Documents historiques sur l'hérétique Abou-Yezid-Mokhalled-Ibn-Kidad de Tademket, traduits de la chronique d'Ibn-Hammad. *Revue Africaine* (Algiers), vol. 13, nr. 78 (Nov. 1869), 425-453.

2 Nallino, C.A., Sull'origine del nome dei Muctaziliti. *Rivista degli Studi Orientali*(Rome), 7 (1916-1918), 429-454;Nallino, C.A., Rapporti fra la dogmatica muctazilita e quella degli Ibāḍiti dell'Africasettentrionale. *Rivista degli Studi Orientali* (Rome), 7 (1916-1918), 455-460.

found in the two manuscripts among the al-Fazārī texts collection published in 2014. The text was written by an anonymous author in the 9th/16th century. However, it is based on the al-Fazārī text dealing with monotheism in theology. As the two manuscript copies show, the text also contains, several commentaries. The first manuscript includes the text itself and the main commentary by al-Fazārī. Then, as we shall show the marginal commentaries in the footnotes (which are based on a previous commentary, as it had multiple commentaries to the same text) include three names that are connected with the al-Fazārī text collections: 1. Abū Zayd ʿAbd al-Raḥmān b. Sulaymān al-Zuwārī; 2. Abū Ṣāliḥ Sālim b. Yadir al-Sadrīnī; 3. Abū Sitta Muḥammad b. ʿUmar al-Sadawshkī (d.1088/1678).

The importance of this text is that it helps clarify the theological teaching of the late Ibadi-*Nukkār*"deniers" and highlights their theological opinions in contrast to the Ibadi mainstream. In this article we will try to identify the figures/names who were involved with the written text. Secondly, we will edit the text, and compare some of the quotations of the book to the writings of Ibadi theology (whether before the 9th-10th/15th-16th centuries, before the period of the text, or, after the 9th-10th/15th-16th centuries, to clarify the continuity of al-Fazārī's theological teachings within Ibadi thought until the 20th century). The first part of the text teaches the basic techniques of theological arguments. It also explains what a question means and how many different types of questions there are, and teaches the student how to develop his expertise in the fields of debate and dialectics.

I. Al-Fazārī and his kalām/theology teachings

Abū Muḥammad ʿAbd Allāh b. Yazīd al-Fazārī (d.c.190/806), should be considered among the pioneers of Ibāḍī speculative theology. He was born in Kufa, a descendant of the Fazāra who were a northern Arabian tribe, from which some prominent families had settled in Kufa. Then he moved to Basra to join the school of Ibadi leader Abū ʿUbayda Muslim b. Abī Karīma (d.150s/760s). Al-Fazārī appears in the Arabic classical literature as the main representative of Ibāḍī *kalām* theology in the second half of the 2nd/8th century.

After returning to Kufa, Al-Fazārī later moved to Baghdad where he participated in the discussion circle of Muslim and non-Muslim theologians hosted by the Barmakid vizier Khālid b. Yaḥyā. After the Abbasid caliph Hārūn al-Rashīd began to persecute deviant theologians in 179/795, we do not know whether al-Fazārī spent the rest of his life in hiding in Baghdad or fled to Yemen to seek refuge among the local Ibāḍī community. There he became known as ʿAbd Allāh b. Yazīd al-Baghdādī and wrote a few apologetic works, among them a polemical anti-Qadarī treatise whose text has been preserved together with its refutation by the Zaydī Imam Aḥmad b. Yaḥyā al-Nāṣir li-Dīn Allāh (d. 322/934).[3] In his own time, al-Fazārī appears mainly as a champion of anti-anthropomorphic thought, his chief opponent being the Shiite theologian Hishām b. al-Ḥakam and Sunni orthodox *āhl al-Ḥadīth*.[4] He also was an advocate

3 W. Madelung, *Streitschrift des Zaiditenimams Aḥmad an-Nāṣir wider die ibaditische Prädestinationslehre*, 2-18, Wiesbaden (Orient-Institut der Deutschen Morgenlandischen Gesellschaft, Beirut).1985.

4 Hossein Modarressi, *Mutual Understanding and Harmonious Relations between Ibāḍī and Shīʿite Communities in 2nd/8th-Century Iraq*, in *Local and Global Ibadi Identities*, ed., YOHEI KONDO and *ANGELIKI ZIAKA*., p. 33-40, Georg Olms Verlag, 2019.

for predestination anti-Qadarī thought and an opponent of Muʿtazilī rational ethics, which had gained some support among the Ibāḍiyya. His *kalām* doctrine made little impact among the Ibāḍiyya in Oman, where the more traditionalist teaching of his elder contemporary al-Rabīʿ b. Ḥabīb prevailed. In the Maghrib, in contrast, the influence of his views was strong even during his life-time, although he is not known to have ever visited the Maghrib and was counted there as a supporter of the faction of the *Nukkār* who constituted a minority in relation to the predominant Wahbiyya faction. In later Maghreb Ibadi writings, his books and opinions are frequently quoted as authoritative. In the newly discovered texts, al-Fazārī discusses a wide range of subjects of contemporary speculative theology in steady confrontation with opposing views, both within the Ibāḍiyya, and, outside, among radical Khārijiters, Muʿtazila, Murjiʿa and Shīʿa. Collectively these texts offer a unique view of the state of the debate of *kalām* in the 2nd/8th century when Ibāḍī scholarship was still at the forefront in the formulation of theological doctrine in Islam as a whole.[5]

The major schism that took place in Basra around the year 168/785, at the beginning of the reign of the second Rustumid imam in Tāhirt – ʿAbd al-Wahhāb b. ʿAbd al-Raḥmān b. Rustum (171-208/788-824) under the leadership of Abū Qudāma Yazīd b. Findīn al-Yifranī, who was a supporter of the first Rustumid imam, ʿAbd al-Raḥmān b. Rustum. Yazīd b. Findīn carried out a coup against Imam ʿAbd al-Wahhāb, denying that he was entitled to hold the position of imam. Subsequently, his group was referred to as the *Nukkār* ("deniers").[6] While Imam ʿAbd al-Wahhāb b. ʿAbd al-Raḥmān was recognized as the legitimate imam by Imam al-Rabīʿ b. Ḥabīb. Yazīd b. Findīn won an ally and supporter in the person of Abū 'l-Maʿrūf Shuʿayb b. al-Maʿarūf, who was living in Egypt at the time the dispute broke out. Shuʿayb then travelled to Tāhirt and joined Yazīd b. Findīn and the rebels against Imam ʿAbd al-Wahhāb. Very soon afterwards, the conflict spread to the community in Basra and subsequently produced a notable clash between Abū Ayyūb Wā'il b. Ayyūb, and later, Maḥbūb b. al Raḥīl, on one side and, Hārūn b. al-Yamān, ʿAbd Allāh b. Yazīd al-Fazārī, Abū 'l-Mū'arrij ʿAmr b. Muḥammad al-Sadūsī, and, ʿAbd Allāh b. ʿAbd al-ʿAzīz on the other.[7]

The historic legacy inherited by both groups of Ibāḍīs in North Africa from these notable early Ibāḍī scholars of Basra was subsequently determined geographically according to "areas of influence." Southern Tunisia – the region known today as the province of Djerid/al-Jarīd—remained under the influence of the *Nukkār*, and the teachings of ʿAbd Allāh b. Yazīd al Fazārī continued to dominate there until after the 3rd/9th century. His pupils traveled far to learn

5 See further on him in Josef Van Ess, *Theologie und Gesellschaft im 2. und 3. Jahrhundert Hidschra. EineGeschichte des religiosen Denkens im fruhen Islam*, Berlin/New York: De Gruyter. I: 406-414.; Muhammad bin Is͟hāq Ibn al-Nadīm, *Al-Fihrist*. Leipzig, 1871-2.

6 *EI2*, Nukkār, VIII, p.112-114 (T. Lewicki); John C. Wilkinson, *Ibāḍism: Origins and Early Development in Oman*, Oxford: Oxford University Press, 2010, p. 229-31; Werner Schwartz, "Die Anfänge der Ibāḍīten in Nordafrika – der Beitrag einer islamischen Minderheit zur Ausbreitung des Islams", in *Studienzum-Minderheitenproblemim Islam* 8, Wiesbaden, 1983; Ulrich Rebstock, *Die Ibāḍiten im Maghrib (2/8-4/10 Jh.): die Geschichte einer Berberbewegung im Gewand des Islam*, Berlin: Schwarz, 1983.

7 Patricia Crone and Fritz Zimmermann, *The Epistle of Sālim b. Dhakwān*, Oxford: Oxford University Press, 2002, p. 309; Abdulrahman Al-Salimi, "Themes of the Ibāḍī/Omani Siyar", in *Journal of Semitic Studies* 54 (2009): p. 475-514; John C. Wilkinson; *Ibāḍism: Origins and Early Development in Oman*, Oxford: Oxford University Press, 2010, p. 231-33; *Al-Siyar wa al-Jawābāt*, Edited by Sayyida Kāshif Ismāʿīl. 2 volumes. M. N. H. C. Muscat. 1984.

from him and his teachings remained influential among the Ibāḍīs of Tunisia and some parts of Tripolitania, as well as Egypt.[8] Al-Maqrīzī (d.845/1441) notes that 'Abd Allāh b. Yazīd al Fazārī and his followers were accepted in Egypt and they were the closest to the Sunni position among the Kharijite.[9] There was also a rapprochement between the views of the Ibāḍī *Nukkār* in North Africa and the Ibāḍī *Shu'aybiyyah* scholars in Basra, so that consequently the *Nukkār* were able to retain a number of rare early Islamic writings on creedal and *fiqh* topics in their possession.[10]

Unfortunately, there are only minor details of al-Fazārī in Ibadi bibliographical sources. Al-Dirjinī (d.670/1271) mentions that al-Fazārī's reasoning very quickly was recognized as superior to his peers despite his being young among the pupils of Abū 'Ubayda's school. This was especially seen in the case of al-Ḥārith b. Talīd al-Ḥaḍramī (elected by the Ibāḍī as an Imam in North Africa (131-140/748-757) and based in Tripoli), and 'Abd al-Jabbār b. Qays al-Marādī (his judge). Both al-Ḥārith and 'Abd al-Jabbār were killed and the swords of each was found on the other. This aroused the ire of the Ibadi society in North Africa. Al-Fazārī argued that they both could be considered in the intermediate position *manzila bayn al-manzilatayn* and neither in association or disassociation since we did not know who was behind the act of killing. His argument in this case brought solidarity among the Ibadi North African society.[11]

II. Abū Zayd 'Abd al-Raḥmān b. Sulaymān al-Zuwārī: His Verification Methodology

We shall now to discuss the figure of al-Zuwārī and his contribution on preserving al-Fazārī's works. Martin Custer brings to light three different articles mentioned in the name of al-Zuwārī:

1. Abū Zayd 'Abd al-Raḥmān b. Sulaymān.
2. Abū Zayd 'Abd al-Raḥmān b. 'Umar b. Muḥammad b. 'Umar b. Ismā'īl.
3. Abū Zaydat 'Abd al-Raḥmān b. Sulaymān.[12]

Other names which come to light in other sources are 'Abd al-Raḥmān b. 'Abd b. 'Umar b. Muḥammad, and also 'Abd al-Raḥmān b. 'Umayr.

The question we shall ask is whether these are different presentations of the one personality or several people with similar names? It appears to us that Martin Custer was accurate in his work on the manuscripts, yet many researchers continue to attempt to disprove the case for one personality.

---

8 'Abd Allāh b. Yazīd Fazārī, *Early Ibāḍī Theology*, ed. Abdulrahman al-Salimi and Wilferd Madelung, Leiden: Brill, 2014, Introduction.

9 Abū al-'Abbās Aḥmad b. 'Alī b. 'Abd al-Qādir al-Maqrīzī, *al-Mawā'iẓ wa al-I'tibār bi Dhikr al-Khiṭaṭ wa al-Āthār*, Cairo, 1968, v. 2, p. 354.

10 Francesca, Ersilia, The Formation and Early Development in the Ibāḍī Madhhab, in: *Jerusalem Studies in Arabic and Islam* 28 (2003) 260–277.

11 Abū al-'Abbās Aḥmad b. Sa'īd Al-Darjīnī, *Ṭabaqāt al-Mashāikh bi l-Maghrib*, ed., Ṭalāy Ibrāhīm, 1: 24, Constantine, 1979.

12 Martin Custer, *al-Ibadiya bibliography*, v. 2, p. 543-5

On the other hand, Wilferd Madelung maintains a careful examination of Abū Zayd b. ʿAbd al-Raḥmān b. ʿUmar b. Sālim b. Sulaymān b. Yadr b. ʿAlī b. Mūsā b. Yakhlaf b ʿAbd al-ʿAzīz al-Sadrīnī and Ṣāliḥ b. Sālim b. Sulaymān b. Yadr al-Sadrīnī, the two copyists who transcribed the text. Both were from the Tunisian island of Djerba and originally came from Zwāra of the Nafūsa Mountains. It appears that they were cousins and were among the last of the IbadiNukkār scholars during the 11th to 12th/17th to 18th centuries.[13] Of particular interest is Abū Zayd b. ʿAbd al-Raḥmān al-Sadrīnī, who was aware of the importance of the early Ibāḍī heritage during its formative stage in Basra.[14] Indeed, both of these scholar-copyists played a significant role in collecting material related to Ibadism and its revival after the aforementioned major schism that took place in Basra.

The copyists, on the other hand, mixed up during their copying manuscripts between the parental lineage of the fathers, the grandfathers and the family. This can be seen through a detailed examination of the publications, and from this, much of the confusion is cleared up, and we are able to in some ways bring this unparalleled personality to light who made such a great contribution to reviving the early Ibadi heritage.

Most of the translated works mention that the personality in question was born in the town of Zawāra, just about 100 km west of the Libyan city of Tripoli, and hence affiliated to it. He is related to a known, religious and conservative family from ḥalqatal-ʿAzāba.[15] He went to Djerba where he studied from its great scholars, then left Djerba for his hometown moving to and from. He then dedicated himself to teaching people of all walks of life religious studies and the basics of Islam. He spent most of his life moving between Djerba and his hometown; he then lived in Mecca during his last days of his life where he died during the ḥajj/pilgrimage.

Among his publications:

1. *Al-Willūlī fī fiqh al-ʿIbādāt*, "Jurisprudence of worship".
2. *Manẓuma shiʿriyya bi al-Barbarīyya*, Poetry in Āmāzīghiya/Berber language.
3. *Mukhtasar fī Uṣūl al-Fiqh*, A Summary in the origins of the Islamic Jurisprudence.
4. Poetry as a reply to those who say that Allāh (God) will be seen in the Hereafter.[16]

The current research findings stem from discoveries over the last four decades, shedding light on this personality and leading to changes to our understanding of him. Two of the purposes of further research are:1) the importance of understanding the early Ibadi texts. 2) Then re-copying these texts with his editing and emendation with marginal notes has offered to us readable texts.

The copying the texts of these manuscripts was not easy, rather it was difficult as it entailed the reading of the texts on one hand, and on the other, getting rid of falsification while dropping parts of the texts due to the chronological prescription or antiquity. His innovation, therefore, was not appreciated at that time and people might have taken him for a copyist rather than a scholar.

---

13 Wilferd Madelung, "Aqwāl Qatāda and the Shuʿaybiyya and Nukkār", in *Ibāḍī Jurisprudence. Origins, Developments, and Cases,* ed. Barbara Michalak-Pikulska and Reinhard Eisener, Hildesheim-Zurich-New York: Olms Verlag, 2015, p. 25-29; also see Martin Custers, *Al-Ibāḍiyya, a Bibliography*, v. 2, p. 370-71.

14 al-Salimi and Madelung (ed.,), *Early Ibāḍī Theology*, Leiden: Brill, 2014, p.9.

15 T. Lewicki, *Halqa*, EI2, III, 95-9.

16 Martin Custer, *al-Ibadiya bibliography*, ii, p. 543-5.

III. The scholarly achievement between Al-Zuwārī and Al-Sadrīnī

The person who improved upon al-Zuwārī's achievement was Ṣāliḥ b. Sālim b. Badr/Yadr al-Sadrīnī (11/16) who tracked al-Zuwārī works, re-copied the recorded manuscripts, and commented on them. Regrettably, I did not find a clear translated text by al-Sadrīnī, except one from a collection of manuscripts just discovered.

I came to know the al-Sadrīnī family in al-Māyi mosque on the island of Djerba. It is the grandest and oldest mosque in Djerba, as well as themost important mosque, taking into account the scholarly movement it had witnessed. As far as the construction of this mosque is concerned, Shaykh Sālim b. Yaqūb says that it was probably constructed either on the debris of a synagogue or a fort during the second half of the 1st/7th century. For this particular reason, the grand mosque of al-Māyī is considered to be the oldest among the island mosques. The Berber tribe Marzysīn hassupervised the mosque and its structure. This clan is one of the tribes of al-Māyī in Djerba. It was then supervised by the *Āwlād Sidra* (sons of Sidra) tribe of the Amazigh Ibadis since 7th/13thcentury.[17]

This tribe is from Sidrāt village on the Tātawīn Mountain. Many manuscripts show that this tribe supervised the grand mosque in al-Māyī during 7th/13th century. These manuscripts were traced among ʿAbd Allāh b. Yazīd al-Fazārī's publication or Qatada statements. It is said that they were re-copied in the al-Māyī mosque in Djerba, and this is exactly what illustrates the fact that the Ibadi tradition extended from Tripoli in the west to the south of Tunisia, reaching Djerba Island, an area known as Djerid or Bilād al-Jarīd. This is a significant feature of what was known then as the Ibadi Renaissance in the 17th century.[18]

IV. Djerba pre-the Ibadi Renaissance in 11/17 century

We must study Abū Zayd al-Zuwārī in the context of an integrated tradition that emerged in the province of Bilād al-Jarīd in the south of Tunisia. Certainly, we cannot comprehensively cover this subject but we will try to shed light to focus on the Ibadi reform during 11/17 in Djerba and why it was the launch hubfor Ibadi North Africa.[19]

The contemporary Ibadi uplifting phase can reflect this in the Djerba island phenomenon in 10th and 11th/16th and 17th centuries. The phase that took place gradually, whose founder was, perhaps, Abū al-Qāsim b. Ibrāhīm al-Barrādī (the beginning of 9th/15th century) in this publications, especially "*al-Jawāhir al-Muntaqā fī māākhal bihi kitāb al-Ṭabaqāt*" as he benefitted from the book titled "The Battle of Ṣaffin" by ʿAbd Allāh b. Yazīd al-Fazārī.[20] The book

17 Sālim b. Yaʿqūb, *Tārīkh Jarba wa ʾ Ulamāihā al-Ibāḍiyya*, Tunis: no publisher, 2009.

18 al-Salimi& Madelung (ed.,), *Early Ibadi Theology*, p. 1-9; *EI2*, *Jarīd*: II, 462-4 (J. Despois); *EI2*, Djarba, II, 458-461 (J. Despois); 461 (R. Mantran).

19 Love, P.M. Jr., *Ibadi Muslims of North Africa: Manuscripts, mobilization, and the making of a written tradition*, Cambridge 2018; Love, P.M. Jr., Ibāḍīs on (and in) the margins: Manuscript notes from the Buffalo Agency in early modern Cairo, in *Journal of Islamic Manuscripts* 9.2-3 (2018), 225-241.

20 Veccia Vaglieri, Laura, Il conflitto ʿAlī-Muʿāwiya e la secessione khārigita riesaminati alla luce di fonte ibāḍite, *Annali dell'Istituto Universitario Orientale di Napoli*, N.S. 4 (1952), 1-94; Veccia Vaglieri, Laura, Traduzione di passi riguardanti il conflitto ʿAlī-Mu ʿāwiya e la secessione khārigita dal *Kitāb al-Jawāhir* di al-Barrādī, *Annali dell'Istituto Universitario Orientale di Napoli*, N.S. 5 (1953), 1-98.

however is considered lost except for al-Barrādī's proof that he presented in his work*al-Jawāhir*.[21]

This transition was manifest in a new dimension that had an effect on the lives of Ibadis in Djerba and their concern with the impact of their ancestors. This effect was vivid in two centuries, the 10th-11th/16th-17th.[22] It is this very effect that distinguished them from others by reviving the Ibadi heritage due to the existence of a new trend that was adopted in the Islamic traditions. In the course of this research, we came across scholars from Djerba at that timewho played a role in these annotations and footnotes. Obviously, Shaykh Sālim Ibn Yaʿqūb listed the Ibadi scholars of Djerba between the 9th-11th/16th-18th centuries, many of them were Ibadi figures in the theology or Jurisprudence as follows: Yūsuf b. Abī Masūwar, Aḥmad b. Muḥammad b. Abī Masūwar, Abū Yaʿqūb Yūsuf b. Muḥammad al-Masʿabī (1153-1187/1691-1792), Abū Sulaymān Dāwūd b. Ibrāhīm al-Thulātī (d. 967/1560); Muḥammad b. ʿUmar b. Aḥmad b. Abī Sitta al-Sadwikshī (1022-1088/1613-1678), who was well-known by the name al-Maḥshī of his commentaries on several works. Abū Yaʿqūb Yūsuf b. Muḥammad al-Masʿabī (1079-1187/1691-1742), Aḥmad b. Saʿīd al-Shammākhī (d.928/1522) the author of *K. al-Siyar* on the Ibadi biographies.[23] Therefore, we find sometimes that each text contains a number of annotations. The distinction among the quality of annotations on these texts is manifest.

V. Verification of al-Zuwārī

No handwritten manuscript written by al-Zuwārīhas been found. So far we have mainly found the manuscripts that either he came across, copied or on which hemade his comments/annotations. These manuscripts were then re-copied by al-Sadrīnī. They were as follows:

a. Manuscript known as "*Āqwāl* Qatāda", which was found in the al-Bārūnī library containing others books as well.[24]

b. Al-Fazārī's theological texts, which were recently verified manuscripts.[25]

c. Through the comparison of the two copies of *Aqwāl Qatāda*(in al-Bārūnī library and at Dār al-Kutub al-Misriya in Cairo) it can be shown that al-Sadrīnī was actually preserving the comments made by Abū Zayd ʿAbd al-Raḥmān b. Sulaymān. Whereas Abū Zayd

21 Martin Custer, *al-Ibadiyya a bibliography*, ii, 99-101.

22 Martin H. Custers, *Ibāḍī publishing activities in the East and in the West, c. 1880-1960ṣ*, Maastricht 2006; Love, Paul M., Ibāḍīs on (and in) the margins. Manuscript notes from the Buffalo Agency in early modern Cairo,*Journal of Islamic Manuscripts*, v. 9/2-3, 225-241.

23 Al-Jaʿbīrī, Farḥāt, *Niẓām al-ʿAzzāba ʿinda al-Ibāḍiyya al-Wahbiyya fī Jarba*, p. 317-9, Tunis: Institut National d' Archéologie et de Art, 1975; Jaʿbīrī, Farḥāt, *Malāmiḥ ʿan il-Ḥaraka al-ʿIlmiyya ʿinda l-Ibāḍiyya bi-Jarba min al-Fatḥ al-Islāmī Sanat 47 H. ilā Awākhir al-Qarn al-thānī ʿashar Hijrī*, In Actes du colloque sur histoire de Jerba, (Avril 1982), p.25-31, Tunis 1986, ; Monchicourt, Charles, Expédition espagnole de 1560 contre île de Djerba. (Essai bibliographique – Récit de expédition, documents originaux). Paris: Leroux, 1913, (ii, 272, iii pp., 13 ill; Mérimi, Mohamed, Sulaymān al-Ḥīlātī:information historique et les structures du pouvoir ibadhite à Djerba. In: S. Bargaoui and H. Remaoun: (coord.) Savoirs historiques au Maghreb. Construction et usages. Oran: Éditions CRASC, 2006, 37-47.

24 Abdulrahman al Salimi, *Early Islamic Law in Basra*, 3-16.

25 Abdulrahman al-Salimi & Wilferd Madelung, *Early Ibadi Theology*, p.7-9.

b. ʿAbd al-Raḥmān b. ʿUmar b. Muḥammad b. ʿUmar b. Ismāʿīl did not preserve any comment at all. It is quite clear, therefore, that an incongruity and contrast exist between the two persons. From this we deduce that it was Ṣāliḥ al-Sadrīnī who perceived the personality of al-Zuwārī in what he achieved.

Referring to the above discussions, one might say that the copy of Dār al-Kutub in Cairo disproves the al-Zuwārī ambiguity, though we can make the following observations:

1. The copier is Abū Zayd b. ʿAbd al-Raḥmān b. ʿUmar b. Muḥammad b. ʿUmar b. Ismāʿīl in 1041/1631. However, the copiers' who came after him, misrepresented the name, instead of writing Abū Zayd ʿAbd al-Raḥmān it was written Abū Zaydit b. Abd al-Raḥmān.

   Therefore, the contrast between the two persons is quite manifest. Abū Zayd ʿAbd al-Raḥmān b. Sulaymān lived a century or so ago compared with the life of Abū Zayd b. ʿAbd al-Raḥmān b. ʿUmar b. Muḥammad b. ʿUmar b. Ismāʿīl. The existence of dissimilarity between the name and nickname is quite obvious.

2. Abū Zayd b. ʿAbd al-Raḥmān b. ʿUmar b. Muḥammad b. Ismāʿīl is the one whose name was misrepresented either in his nickname or grandfather's name by the following:

   a. Insertion of a name with a nickname Abū Zaydat ʿAbd al-Raḥmān b. ʿUmar al-Zuwārī.
   b. Addition of the father's name such as ʿAbd al-Raḥmān b. ʿAbd b. ʿUmar b. Muḥammad.
   c. Distortion of the name such as ʿAbd al-Raḥmān b. ʿUmayīr, instead of ʿUmar.

3. Regarding the copy of Aqwāl Qatāda in the Bārūnī library, it appears as if it was copied in different stages.The first was copied on the supervision of Abū Zayd al-Zuwārī, then later another person who emerges is named Aḥmad b. ʿIsā. This is shown by al-Sadrīnī in chapter four, stating that Aḥmad b. Isā was unable to read the manuscript then he stopped copying at the end of the chapter four. In contrast, the name of Abū Zayd b. ʿAbd al-Raḥmān b. ʿUmar b. Muḥammad was mentioned on the copy of the Dār al-Kutub/Cairo, although he did not mention the difficulty encountered, in this respect, nor the name of Aḥmad b. ʿIsā. Moreover, the section of chapter four in Aqwāl Qatāda, which was illegible

Yet, one wonders as to why al-Sadrīnī preserves the comments made by Abū Zayd ʿAbd al-Raḥman al-Zuwārī while Abū Zayd b. ʿAbd al-Raḥmān b. ʿUmar did not. Researchers might get an answer to this question at a later time, notwithstanding have found out the different structure between the two manuscripts as well as the copiers of each manuscripts and his attentions. Yet we can conclude that Abū Zayd ʿAbd al-Raḥmān b. Sulaymān al-Zuwārī lived from the end of the 9th/16th century and the beginning of 10th/17th, on the other hand Abū Zayd b. ʿAbd al-Raḥmān b. ʿUmar b. Muḥammad b. ʿUmar b. Ismāʿīl al-Zawārī lived during the 11th/18thcentury.

VI. The receiving of al-Fazārī's theological teaching by late Ibadi in North Africa

In the present section we will extend our search to explore continuation of the theological teachings of 'Abd Allāh b. Yazīd al-Fazārī, whether within the Ibadi schools either*Mashriq* Oman and Yemenor in the *Maghreb* in Algeria, Tunisia and Libya. In this case if we take Hurvitz and Hallaq's hypothesis on the process of *madhabization* in Islamic thought, we might also refute the reality of any 'regional' school of law and doubt that a common doctrine existed before the establishment of the classical schools of law. Hurvitz prefers to call these trends "doctrinal schools'" rather than "personal, " and there isno early legal doctrine that had any potency beyond the small circle of students around a particular master. It could be possible that this hypothesis explains the process of the teaching and emergence of *kalām* in Ibadi studies.[26]

In the following, we will present a theological monograph work based in two copies found in the two manuscripts of the al-Fazārī texts collection published in 2014. This text is composed byan anonymous author and was written in the 10th/17 century. However, it based on al-Fazārī's text and deals with monotheistic theology. The text also contains several commentaries, the main commentary of al-Fazārī, and then, as we shall show, the footnotes the marginal commentaries which are based on a previous commentary. From these marginal commentaries are shown three names who connected with al-Fazārī text collections 1-Abū Zayd 'Abd al-Raḥmān b. Sulaymān al-Zuwārī 2-Abū Ṣāliḥ Sālim b. Yadir al-Sadrīnī, 3-Abū Sitta Muḥammad b. 'Umar al-Sadawshkī (d.1088/1678). This text clarifies the late Ibadi*Nukkār* theological teaching and highlights their theological opinions in comparison to the Ibāḍī orthodox mainstream. In this edit, first we will edit the text and then we will compare some the quotations of the book from the writings of Ibadi theology, whether before the 9th-10th/15th-16th centuries before the period of text and after the 9th-10th/15th-16th centuries to clarify the continuity and influence of al-Fazārī theological teaching within Ibadi theologyuntil the 20th century.

VII. The Texts and its Manuscripts

a. The text:

The text starts with an explanation of the ethics of education in classical Islam, which became current from the middle of the 2nd/8th century. It gives us details of the debates of the *mutakallimūn* (scholastic theologians), which were as follows:

1 The meaning of *'ilm* (knowledge/learning) and how you can know things. The concept of the *ism* (name/noun) and the concept and essential quality of the *sū'āl* (question), type of *sū'āl* and etiquette and culture of the *sū'āl*, which later constituted the "introductory formula" of the *'ilm al-kalām* (scholastic theology) debates.

26 N. Hurvitz, 'Schools of Law and Historical Context: Re-examining the Formation of the Ḥanbalī Madhhab', *Islamic Law and Society* 7/1 (2000), 37–64; W. B. Hallaq, 'From Regional to Personal Schools of Law? A Reevaluation', *Islamic Law and Society* 8/1 (2001), 1-26.

2 The meaning of *shahādat al-tawhīd* (testifying that there is no god but Allāh), Divine meanings and actions, and the meaning of *asmā' Allāh al-husnā* (the Beautiful Names of Allāh).
3 The concepts of *nubuwah* (prophet-hood), *khati'at al-anbiyā'* (the proneness of the prophets to commit sins), whether the prophets worshipped Allāh before their prophetic missions, the defining feature of a miracle and the difference between a miracle and magic.
4 *Hisab* (the Reckoning) and *taklīf* (Responsibility).
5 The meanings of *al-wilayah wa'l-barā'ah* ("loyalty and disassociation").

b. The manuscript:

1. As we have noted, this text was found primarily in themanuscript(ب) which used in (Brill, IHC106, 2014). The manuscriptis belonged to the private library of al-Hājj Sālih b. al-ʿAlī in the town of Banī Yasjan in southern Algeria. The manuscript evidently was written in the Ibadi-Nukkārī community on the island of Djerba. Sālih al-Sidrinī mentions the congregational mosque *jāmiʿ* of al-Mā'ī as the place of his writing texts. The village of al-Mā'ī is located in the heart of Djerba island some 15 km from Ājīm, a town 3 km from the village of al-Maḥbūbiyyīn which was the base of Ibadi Nukkār. The manuscripts were sold to a buyer in Mazb in southern Algeria. The manuscript contains 105 folios 23x33 cm in size. Each page has 28 lines. The text is written in black ink in the headings red ink in *maghribī* script (folios 78a-104b) in the handwriting of Sulaymān b. ʿAbd al-Raḥmān al-Maʿqalī. In the editing text it is (أ).
2. The second manuscript was found in private collection that belongs to the endowments of al-Basin's mosque in the Djerba island. This manuscript contains 173 folios, 14x20 cm in size. Each page has 23 lines. The text is written in black ink and the heading in red ink. The text is titled Kitāb al-Tawhīd and based in (fol. 168a-173b), The copyist name is Bā-ʿAzīz b. al-Hājj Sālih al-ʿAbbāsī al-Mistāwī and completed Shaʿbān 1135/May 1723. This manuscript is broken and uncompleted. (ب).

In the editing text, we tried to distinguish between the quotations of al-Fazārī, which we bolded, and then the commentary and other quotations.

Regarding to the transliteration, we kept the popular names like Ibadi instead of Ibāḍī or Basra, Kufa.

فيه، وجسم طافٍ[٣٠٧] وهو ما يطفو على الماء مثل الخشبة والقصبة والريش وما أشبه ذلك، وجسم متكاثف وهو ما يمنع ما وراءه مثل الجدار وما أشبه ذلك، وجسم خوار وهو ما يخرقه البصر وينفذه مثل الغمام والدخان وما أشبه ذلك، وجسم[غير] مرئي مثل الريح والهواء، والله أعلم.

قوله:**أو عرض**، حقيقة العرض في اللغة هو ما يؤول إلى الفناء وإن دام،وفي الاصطلاح قال بعضهم عبارة عن الصفات القائمة بجواهر يعني الملازمة للحواس في الوجود التي يستحيل بقاؤها،وعرَّفه بعضهم بأنه هو الذي لا يقوم بنفسه ولا يبقى أكثر من حال، وهو على قسمين: الأول سريع الفساد لا يبقى أكثر من حال مثل الحركة والسكون ومنه بطيء الفساد يبقى أكثر من حال مثل القرآن والتوحيد وغير ذلك من جميع العلوم. والحركات على قسمين حركة اكتساب وحركة اضطرار، فحركة المرتعش والساقط من فوق جدار [حركة اضطرار لا] حركة[٣٠٨] اكتساب بالقصد والاختيار، وقيل: إن الحركة على أربعة أوجه: حركة نموّ[٣٠٩] وهو مثل ما ينمو الطفل وأولاد الأنعام ونبات الأرض لا تحس حركتهم في زيادتهم وحركة مثل[٣١٠] ظل السائر ورمية الحجر ونحو ذلك مستقيمة أو مستديرة، وحركة مستقيمة مثل النبات الكبير الذي قد انتهى إلى الحالة التي لا يزيد، وحركة مستديرة كحركة الفلك وما يحيط به البصر، والله أعلم.

قوله -رحمه الله-:**عن أصل دينك**، الأصل ما عرف به حكم غيره، والفرع ما عرف حكمه بغيره. انتهى قوله -رحمه الله-.

---

(٣٠٧) طاف: طافي، أ.

(٣٠٨) حركة: وحركة ، أ.

(٣٠٩) نمو: تنموا، أ.

(٣١٠) مثل: ذلك مثل، أ.

وادعى المغفرة(٣٠٠) على ترك التوبة وهو عالم به أكفره إصراره، والإصرار هو الاستخفاف بالذنوب والامتناع من التوبة، ومن نسي ما بينه وبين الله وهو ممن يدين بالتوبة وتاب واستغفر في الجملة أجزأه(٣٠١). وفي المنهاج: المراد بالكذبة الكذبة الخفيفة وهي من الصغائر، إلا أن يتلف بها مالاً أو نفيساً فتكون كبيرة، ثم ذكر الخلاف في التوبة واللطمة لأن اللطمة فيها الأرش والله أعلم.

قوله:**حتى ينبذ إليهم المسلمون الخ**. النبذ هو طرح الشيء والمراد ألا(٣٠٢) يقاتلوهم حتى يطرحوا إليهم كل ما كان لهم قبل ذلك من مسالمتهم وتحريم دمائهم وحتى يدعوهم إلى فيمتنعوا، فهذا مأخوذ من قول الله تعالى: ﴿وَإِمَّا تَخَافَنَّ مِن قَوْمٍ خِيَانَةً فَانبِذْ إِلَيْهِمْ عَلَى سَوَاء إِنَّ اللهَ لاَ يُحِبُّ الخَائِنِينَ﴾ [الأنفال:٥٨] الآية، قال صاحب الكشاف: وإما تخافن خيانة من قوم معاهدين فانبذ واطرح إليهم العهود على سواء أي على طريق مستو قصد(٣٠٣)، فذلك أن تظهر لهم نبذاً لعهدهم وتخبرهم إخباراً مكشوفاً [بيِّناً] أنك قطعت ما بينك وبينهم من العهد، ولا تناجزهم الحرب وهم على توهم بقاء العهد فيكون ذلك منك خيانة إن الله لا يحب الخائنين، فلا يكن منك خفاء نكث العهد والخداع، وقيل: على استواء(٣٠٤) في العلم بنقض العهد، وقيل: استواء في العداوة كأن يقال انبذ العهد إليهم ثابتاً(٣٠٥) على طريق قصد سوي، والله أعلم.

قوله:**هل هي جوهر**، حقيقة الجوهر هو الجزء المتجزء يعني: هو المانع غيره أن يحل حيث هو. ومعناه نفي المداخلة لغيره في حيزه، والحيز هو القدر الذي منع غيره، وقيل الجوهر في اللغة عبارة عن كل نفيس من الأشياء، وفي الاصطلاح هو الجزء المتحيز الذي لا يقبل القسمة وهو أصل الجسم والعرض فهو أشرفها إذ لولا وجوده لما وجدا(٣٠٦)، إذ الجسم يفتقر [إلى] الجوهر افتقار الجملة إلى أجزائها، والعَرَض يفتقر إليه ليصح دخوله في الوجود، والله أعلم. وحقيقة الجسم ما تركب من جوهرين فصاعد، وهو ينقسم على خمسة أقسام: الجسم الراسب وهو ما يرسب في الماء مثل الحصى والحديد وما أشبه ذلك إذا رمي به

---

(٣٠٠) وادعى المغفرة: وإدعاء بغيره، أ.

(٣٠١) أجزأه: أجزأهم، أ.

(٣٠٢) ألا: أن لا، أ.

(٣٠٣) الزمخشري، الكشاف، ٢/ ٢٨١.

(٣٠٤) استواء: سواء، أ.

(٣٠٥) ثابتا: ثانيا، أ.

(٣٠٦) وجدا: وجد، أ.

حكمٌ على الجميع، أي إذا حكمت على أحد من الناس بحكم كان حكمي ذلك على كل من هو كذلك في معنى ذلك الواحد، ولسنا نجد حكيماً يحكم على أحد بحكم لا يحكم على مثله به إنما يحكم على الشيء بما يحكم على نظيره، هذا ظاهر لا يخفى والله أعلم.

قوله رحمه الله في الكذبة: **إنها صغيرة الخ**.قد فسرها صاحب البربرية رحمه الله قال: وهو رجل أتى إلى رجل فقال له: أكلت لك وأشربت لك ورأيت لك ظلاً، فإن كان ذلك(٢٩٢) حقاً فلا طاعة ولا معصية وإن كذب(٢٩٣) فهو معصية، وكانت تلك المعصية صغيرة وأظن أن الكذبة المذكورة هاهنا عن هذه التي فسرها، والله أعلم.

وفي المنهاج: صغائر الذنوب مثل الرفسة والنخسة(٢٩٤) والركضة والوجأة(٢٩٥) والكذبة إذا لم يكن فيها إنكار حق لأحد، والنيّة للمعصية والحب لها، والرضا بها ما لم يفعلها المأمور، وصغائر أخر في الأموال مثل من أخذ من مال غيره حبةً أو حصيراً أوخلالة(٢٩٦) أو نباتة أو لبس ثوبه،أوركب دابته أو استعمل خادمه عملاً يسيراً(٢٩٧) أو كثيراً، أو استعار شيئاً فاستعمله لغير(٢٩٨) ما استعاره [له]، أو وطئ في حرث قوم فأتلف شيئاً بوطئه، أو قعد على سرير غيره أو على حصيرة غيره أو كتب من دواته(٢٩٩) بغير إذنه أو بقلمه أو في قطعة من قرطاسه، أو يستقي بدلوه أو زجر على دابته أو شرب من إنائه فكل هذا أو ما يشبهه مما أصحابه معروفون بالمنع له وما كان مثله على هذا الذي وصفنا بينه وبين العباد، فما كان فيه الأرش فليعطه لهم، وما لم يكن فيه أرش فليخرج منه إليهم بأدائه أو توسعٍ، أو يرضيهم بما قدر عليه حتى يخرج منه مع التوبة، وما كان منها بينه وبين الله فيستغفر الله ويتوب منه، فهذا ومثله يكفر صاحبه بالإصرار عليه ولا يكفر بفعله، ومن أصر عليه وتبع الشهوات ومنع التوبة

---

(٢٩٢) ذلك: بذلك، أ.

(٢٩٣) كذب: كل، أ.

(٢٩٤) الرفسة والنخسة: الرقصة والنخصة، أ.

(٢٩٥) الوجأة: الوجية، أ.

(٢٩٦) خلالة: خلالا، أ.

(٢٩٧) يسيرا: يسمى، أ.

(٢٩٨) فاستعمله لغير: فاستعاره لغيره، أ.

(٢٩٩) من دواته : بدرايته، أ.

قوله:**وأنذر الإنذار.**هو الإعلام مع تحذير، يقال: أنذرتهم فنذروا، أي أعلمتهم فعلموا، وفي المثل قد أعذر من أنذر، والله أعلم.

قوله:**ما لم ينفوا عنهم الاسم الآخر.**يعني إذا عرفوهم باسم واحد من أسماء الكفر وسعهم جهلُ تسميتهم بغيره من أسمائه، ولا يسعهم نفيه عنهم، فإذا علموا أنهم ضلال وسعهم جهل أنهم فساق، لجاز تسميتهم ظالمين(٢٨٩) ونحو ذلك. وأما لو قالوا:إنهم ضُلاّل ثم نفوا عنهم غير ذلك،وقالوا: ليسوا بفساق وليسوا بفجار أو ليسوا بظلام لم يسعهم، وكذلك لا يسعهم أن يسموهم بالإيمان مع اسم من أسماء الكفر، وكذلك إذا عرفوا المسلمين باسم واحد من أسمائهم وسعهم جهل غيره من أسمائهم ما لم ينفه عنهم، ومعنى هذا أنه إذا عرف أنهم يسمون مسلمين ولا يدري هل يسمون مؤمنين أو متقين أو صالحين أو صادقين أم لا وسعه ذلك ما لم ينف ذلك عنهم، فيقولوا: ليسوا المؤمنين أوليسوا بصالحين، وكذلك لا يسعه أن يسميهم باسم من أسماء الكفر مع اسم من أسماء الإيمان انتهى، والله أعلم.

قوله رحمه الله: **وكان الله صادقاً لا يخلف الميعاد الخ.**لأنه أخبر بأن الكافر والفاسق يدخلون النار والخلف في خبره محال، والله أعلم.قال البيضاوي(٢٩٠) في طوالع الأنوار: خبر الله صدق لأن الكذب نقص، والنقص على(٢٩١) الله تعالى محال.

قوله:**إن شاء عذب.**قال الخليل بن أحمد: العذاب هو ما يمنع الإنسان مراده، ومنه الماء العذب لأنه يمنع العطش.

قوله: **إن غفر للواحد غفر للجميع الخ.**يعني والله أعلم: إن غفر للواحد من أهل الكبائر غفر لكل من كان كذلك الواحد، وإن عذب واحداً منهم فسيعذب كل من كان كذلك الواحد، وصورته أنه إن عذب واحداً على معصية مات عليها مُصراً كان معذباً لكل من مات مصراً على معصيته، وإن غفر للواحد منهم كان غافراً لجميعهم. ولا يمكن أن يعذب بعض المصرّين على المعاصي ويغفر لبعضهم، لأن حكمه لا يختلف إذ هو أحكم الحاكمين، ألا ترى أن النبي عليه السلام فيما صحَّ عنه أنه قال: حكمِي على الواحد

(٢٨٩) ظالمين: ظالمون، أ.

(٢٩٠) البيضاوي: البيطاوي، أ

(٢٩١) على : عن، أ.

قال بعض سلفنا – رحمهم الله -: إنما تكون الحجةُ التي يقطع الله بها العذر هو العالم الغاية بنهاية العلم الذي لا يجهل شيئاً من الحجة، والله أعلم.

قوله:**وقد يلقى رجلان رجلاًإلخ**.قال في الضياء: إذا وقع بين رجلين تنازع في مسألة حتى برئ كل واحد من صاحبه وبحضرة رجل ممن يتولاهما، ولم يدر المصيب منهما من المخطئ، وقد بدأ أحدهما بالبراءة من صاحبه ثم برئ الآخر منه، فعن ابن محبوب قال: إذا عرف المصيب منهما تولاه وبرئ من الآخر، وإن لم يعرف وقف عنهما حتى يسأل المسلمين، والله أعلم.

قوله:**هذا عند أهل الأصول يسمى دلالة وهو الذي لا يستفاد من اللفظ بل يفهم منه، وقسموه إلى قسمين مفهوم الموافقة ومفهوم المخالفة** والذي أشار إليه المصنف -رحمه الله- هنا هو مفهوم الموافقة. قال صاحب تقرير القواعد: وأما مفهوم الموافقة وهو أن ينص الشارع على الحكم في الأدنى فيستدل على ثبوته في الأعلى بالطريق الأولى، كالتنصيص على التأفيف في قوله تعالى: ﴿فَلاَ تَقُل لَّهُمَآ أُفٍّ وَلاَ تَنْهَرْهُمَا﴾ [الإسراء:٢٣] الآية، فإنه يقتضي تحريم الضرب بالطريق الأولى، وكما في قوله:﴿فَمَن يَعْمَلْ مِثْقَالَ ذَرَّةٍ خَيْرًا يَرَهُ﴾ [الزلزلة:٠٧] الآية، يدل على أنه من عمل من الخير والشر مثل الجبل يجزى به بالطريق الأولى متفق عليها، وربما كانت أقوى من التصريح لأن دلالة تحريم التأفيف على تحريم الضرب أقوى من دلالة تحريم الضرب وحده على ما لا يكاد يخفى، وفيه فائدة لأنه لم ينص على الأدنى بل ذكر لفضائهم الأعلى والأدنى، والله أعلم.وفي أثر قال: والكبائر ما جاء فيه النص أنه كبيرة أو وجب فيها الحدَّ أو فسق أهله أو وعد الله عليها النار أو ما أصابت به مُثلة في الدنيا، أو ما ناظر هذه الوجوه، أو ما هو أعظم منها، والله أعلم.وقال في أثر آخر: فإن الكبيرة ما حرمه الله ورسوله، وكذلك نظيره وإن [لم] يذكر [في] الكتاب والسنة، وما سمّى الله به أهله بشيء من اسم الضلال فهو كبيرة وما أمر الله عليه النكال فهو كبيرة، وما لم يعد عليه النار، ولم يفسق أهله ولم يأمر بنكالهم(٢٨٧) فليس بكبيرة(٢٨٨)، والله أعلم.

قوله: **أعذَر**.يعني بفتح الهمزة وسكون العين وفتح الذال المعجمة، أي لم يبق موضع للاعتذار، يقال: أعذر الرجلُ إذا بلغ أقصى الغاية في العذر، والله أعلم.

---

(٢٨٧) بنكالهم: لكفرهم، أ.

(٢٨٨) فليس بكبيرة: من التمادي، أ.

قوله رحمه الله: **كما جاء الأول لزم التمسك به**.يعني لا يجوز الرجوع عنه بعد علمه، فمن رجع عنه بعد علمه(٢٨٣) فلا يسع جهل كفرهِ، ومن علم رجوعه عن علمه ، وهو معنى قول الأصحاب الراجع عن علمه فهو ضال، والله أعلم.

قوله رحمه الله: **أنه قد يكون من المحدثين الخ**.صورة المسألة أن الله تعالى أنزل في كتابه:﴿وَمَن لَّمْ يَحْكُم بِمَا أَنزَلَ اللّهُ فَأُوْلَـئِكَ هُمُ الْكَافِرُونَ﴾ [المائدة:٤٤] الآية، وأمثال ذلك فلأن جميع أهل الكبائر من أهل التوحيد كالزاني والسارق كافرون(٢٨٤) لأنهم بفعلهم لكبائر ما نهوا عنه حكمُوا بغير ما أنزل الله، وتسميتهم بالكفر ما يسع الناس جهله، ولما قالت المرجئة:إن أهل الكبائر من أهل التوحيد كالزاني والسارق مؤمنون ولم يسموهم بكافرين لأن قولهم هذا تكذيب لقوله تعالى: ﴿وَمَن لَّمْ يَحْكُم بِمَا أَنزَلَ اللّهُ فَأُوْلَـئِكَ هُمُ الْكَافِرُونَ﴾ الآية، وأمثالها من الآيات، وهو حكم جاء(٢٨٥) من عند الله. فيجب علينا نحن أن نبرأ منهم، لعلمنا بأن الذي كذبوا به من تسمية أهل الكبائر بالكفر جاء من عند الله، وكذا يجب على كل من علم ذلك أن يبرأ منهم، وأما من كان من ضعفاء المسلمين الذين لا يعلمون أن الله أنزل في كتابه أن أهل الكبائر من أهل التوحيد كُفّار، وهؤلاء المرجئة يسمونهم بالإيمان، وينفون عنهم اسم الكفر، فلا يجب عليه أن يبرأ(٢٨٦) منهم، لأنه لا يعلم أن قولهم ذلك تكذيب لما جاء من عند الله، فهو معذور في ترك البراءة منهم حتى يقوم عليه الحجة، فإذا قامت عليه الحجة انقطع عذره ووجب عليه أن يبرأ منهم. وقيام الحجة هو أن يسمع من علماء المسلمين أن الله حكم في كتابه بكفر أهل الكبائر من أهل التوحيد، فيكون عالماً أن المرجئة مكذّبون لما جاء من عند الله بقولهم أن أهل الكبائر مؤمنون ليسوا بكافرين، فهذه صورة المسألة فقس عليها ما لم نذكره، وبالله التوفيق.

قوله:**وقيام الحجة هو أن يسمع من علماء المسلمين إلخ**.يعني لأنه يكون حجة في دين الله إذا بلغ أقصى الحجة، ولم يترك منها مزيداً مثل ما لو أن جميع المسلمين حضروا لم يجدوا عن قوله مزيدا فهو حجة في الدين، وقد

---

(٢٨٣) علمه: عليه، أ .

(٢٨٤) كافرون: كافرين، أ.

(٢٨٥) حكم جاء: مفاجأة، أ.

(٢٨٦) يبرأ: يرى، أ .

وناصبهم الحرب، وقاتلهما حتى أظهره الله عليهما، وإنما قاتلهما بكتاب الله وذلك قوله: ﴿فَقَاتِلُوا الَّتِي تَبْغِي حَتَّى تَفِيءَ إِلَى أَمْرِ اللَّهِ﴾ [الحجرات:٠٩]، فجعل مدة الكف عن قتلهم بفيئهم[٢٧٧] إلى أمر الله، ثم جفا عليه معاوية بن أبي سفيان فناصبه الحرب فقاتله مع المسلمين حتى قتل بينهم من القتلى خلق كثير حتى تضعضعت صفوف معاوية وأحس بالهزيمة، وظن أنه مغلوب وقال له عمرو بن العاص من أصحابه: الحيلة والخديعة، فقال عمرو: علّق المصاحف على الرماح وكاتب علياً بأن بيننا وبينكم كتاب الله فكتب معاوية إلى علي، وطلب منه أن يجعلا حكمين فما حكما رضينا به فأقر[٢٧٨] له بذلك، فبلغ ذلك عمار بن ياسر -رحمه الله- فعاب على علي وأمر بعتابه وبلغنا أن عماراً قال لعلي: إن القوم قائلون لك بيننا وبينكم كتاب الله، فقل على تركهم كتاب الله قاتلناكم. فسيقولون لك: نجعل بيننا وبينك حكمين فما حكما من شيء رضينا به فقل: ومن أحسن من الله حكماً لقوم يوقنون فإن قالوا: نجعل بيننا وبينكم مدة نصطلح على تلك المدة. فقل: إن الله قال: ﴿فَقَاتِلُوا الَّتِي تَبْغِي حَتَّى تَفِيءَ إِلَى أَمْرِ اللَّهِ﴾ الآية، وبلغنا أن رسول الله ﷺ كان يقول لعمار بن ياسر: تقتلك الفئة الباغية قاتلك وسالبك في النار إلخ.

قوله: **وأما الشكاكة الخ**.الشكاكة هم الذين قالوا: لا ندري[٢٧٩] أي الأسماء أصابوا ولا أيهم بلغوا، [وبلغ] بهم ذلك إلى أن يجهلوا منزلتهم، ولا يعرفوا[٢٨٠] أنهم على هدى ولا على ضلال، لأنهم لو عرفوا أنهم على هدى لعرفوا أن من خالفهم على ضلال، لأنهم يقرون أنه ليس بين الهدى والضلال منزلة ينزل بها أحد.

قوله:**فإنهم جامعوا الجبابرة الخ**، قال في أثر ثم يسمونهم بالإيمان أحياناً ثم يلعنونهم أحياناً بلا[٢٨١] علم منهم بموضع الشتم، ويستغفرون لهم ويتولونهم بلا[٢٨٢] علم بموضع الاستغفار، ويستحلون من أوليائهم ومن خالفهم أحياناً[ما] قد يحرمون أحيانا والله أعلم.

---

(٢٧٧) بفيئهم: فيئهم، أ.

(٢٧٨) فأقر: فأنعم، أ.

(٢٧٩) ندري: ندروا، أ

(٢٨٠) يعرفوا: يعرفون، أ.

(٢٨١) بلا: بلى، أ

(٢٨٢) بلا: بلى، أ.

دين إذ الإيمان يحصل للإنسان بالإقرار والمعرفة الذي تقدم وكل ما سوى الإقرار، والمعرفة من خصائل المعصية فليس بكفر، فلذلك دخل عليهم أن من جهل البعث والقيام والحساب والجنة والنار وجهل محمدا ونحو ذلك ليس بكافر، لأنه ليس بتارك للإقرار أو المعرفة وإنما هي معاصٍ أخرى.

قوله:**المعتزلة.**

عدة فرق منهم أبو [حذيفة] واصل بن عطاء تلميذ الحسن البصري مكث في مجالسته عشرين سنة ويسمى شيخ المعتزلة، والنظامية أصحاب إبراهيم بن يسار النظام ويسمى رئيس المعتزلة،والخابطية أصحاب أحمد بن خابط، والبشرية أصحاب بشر بن المعتمر(٢٧٣) المريسي ويسمى فاضل المعتزلة،والمعمرية أصحاب معمر بن عباد(٢٧٤) السلمي،والمردارية أصحاب أبي موسى بن عيسى بن [صبيح] المردار الملقب براهب المعتزلة، والجاحظية أصحاب عمرو بن بحر الجاحظ،والجبائية أصحاب أبي على الجبائي وابنه أبي هاشم، فهؤلاءهم فرق المعتزلة، هذا كله منقول من شرح الدعائم للبرادي أبي القاسم، والله أعلم.

قوله:**وأما السبئية لجامعوا المسلمين في جميع كلامهم هذا تحريف.**وصوابه والله أعلم لجامعوا المسلمين من جميع كلامهم في أسماء المحدثين من أهل القبلة. وفي الضياء قال: وأما الزيدية فإنهم يوافقون المسلمين إلا في ولايتهم لعلي وعذرهم له في سفك دماء المسلمين. وفي الموجز قال: فإنما هذا من الرموز على الزيدية خاصة لأنهم يتعاطون المناظرة ومضاهات الإباضية في مذاهبهم، وليس أعلم لهم خلافاً إلا في ثلاثة أمور: قولهم في الإمامة إن علياً أولى بها مع تركهم التخطئة لولاية أبي بكر وعمر وعثمان بأن عليّاً سلم لهم حقه،وتجويزهم لعلي تحكيم الحكمين، وتشريكهم المتأولين من أهل القبلة على ما قاله أئمة من الإباضية. انتهى.القول بتشريك المتأولين المشبهين الله بخلقه هو قولنا أيضاً، فليس بيننا وبين الزيدية إلا مسألتان(٢٧٥) قولهم بالأولوية(٢٧٦) وقولهم بإجازة التحكيم انتهى.

قوله:**ولا نعلم أحدا من أهل القبلة الخ.**وذلك أنه لما أجمع المسلمون على قتل عثمان بن عفان فقتلوه فولوا أمرهم علي بن أبي طالب، واجتمعوا على ولايته وكانت ولاية حق، فخرج طلحة والزبير وبغوا عليه

---

(٢٧٣) المعتمر: معمر، أ.

(٢٧٤) عباد: عبادة، أ.

(٢٧٥) مسألتان: مسالتين، أ.

(٢٧٦) الأولوية: الألوهية، أ

قوله: **كذبوا على الله.**يعني في ادعائهم على الله أنه أمرهم أن يسموا الجبابرة باسم الشرك في حكم لهم بذلك.

قوله : **الضلال**، أي الهلاك. يقال: ضلَّ الماء في اللبن إذ أخفي وذهب، ورجل ضالٌّ إذا أخطا الطريق. والله أعلم.

قوله:**السبئية.**قوم من الشيعة قد وافقوا الخوارج في تسمية الجبابرة باسم الشرك وهم أتباع عبد الله بن سبأ(٢٦٩) وكان يهودياً من أهل اليمن، ويسمى عبد الله بن سبأ(٢٧٠) بن أسود اليهودي، وكان من قوله لعنه الله: أن عليا هو الله، وبرئ من أبي بكر وعمر رضي الله عنهما، والله أعلم.

قوله:**أن يسموا أن من استحل ما حرم الله الخ.**يعني بهم الخوارج ويلزمهم من الجبابرة والمحدثين من أهل القبلة، وذلك أن المرجئة شهدوا على الخوارج وغيرهم من المحدثين أنهم استحلوا جميع ما ذكر الشيخ، وفعلوا جميع ما ذكرتم، قالوا لا نقول كفروا بهذا بناء على أصلهم الفاسد، أنه لا يكفر أحد من أهل القبلة بذنب، وأن من قال لا إله إلا الله ليس بكافر ولو فعل جميع المعاصي وأيّ فعل كان فهو عندهم يسمى بالإيمان.

قوله:**الإيمان كله توحيد لا غير ذلك.**أنهم قالوا: أن الإيمان هو معرفة الله والإقرار به لا غير، ولكنهم اختلفوا فيما بينهم على ثلاث(٢٧١) فرق، منهم جهم بن صفوان ومن شايعه وقالوا: الإيمان معرفة دون الإقرار، وكان جهم يكفِّر أهل السنّة إكفاراً صريحاً، ويقول بنفي التشبيه، ويقول بخلق القرآن، ويكفر من خالفه في ذلك ويجعله مشركاً، ويقال لهم: مرجئة خراسان. ومنهم الغيلانية(٢٧٢) أصحاب مروان بن غيلان ومن تابعه، ويقال لهم: مرجئة أهل الشام، وكان يخالف جهم وأبا حنيفة في أشياء كثيرة من الأصول والفروع، وهما من المتكلمين. ومنهم الماضرية نسبوا إلى قيس بن ماضر الماضري. ومنهم أبو حنيفة ومن تابعه وكان يخالف جهم في قوله بخلق القرآن، ويخالف في الإمامة أنها لا تجب إلا في قريش الخ، والله أعلم. واجتمعوا جميعاً أن ما سمي الإقرار والمعرفة من خصائل الطاعة ليس بإيمان ولا

---

(٢٦٩) سبأ: السبأ، أ.

(٢٧٠) سبأ: السبأي، أ.

(٢٧١) ثلاث: ثلاثة، أ.

(٢٧٢) الغيلانية: الغلانية، أ .

المخالفين، وكذلك التصويب والخطيئة.فإن سأل سائل عن أئمة(٢٦٣) المسلمين وقادات الدين هل يتولون لغير حجة؟

قيل: نعم، لأن ولاية أئمة المسلمين بمنزلة الديانة وليس القول في ذلك ولا الحكم بمنزلة ولاية الأشخاص ولا براءة الأشخاص، وإنما ذلك بمنزلة التحليل والتحريم والتكفير والتشريك، ألا ترى أنك تنتقل من ولاية؟ الأشخاص وبراءتها بشهادة الأمناء، وأما ولاية قادات المسلمين وبراءة قادات المخالفين فلا(٢٦٤) ينقلك عنها شهادة الشهود قلوا أو كثروا.

قوله:**"وهم أصنافا"**(٢٦٥) الخوارج باجمعهم، وإن كانوا فيما بينهم أصنافاً مخالفين في كثير من المسائل، فقد أجمعوا على هذه المسألة، وهم نحو خمس عشرة(٢٦٦) فرقة(٢٦٧)، الأزارقة أتباع نافع بن الأزرق، والصفرية، والنجوية، والبيهسية(٢٦٨)، والعطوية، والميمونية، والصالحية، والحفصية، والثعلبية، والأخنسية، والحزامية، والسعيدية، وجميعهم اختلفوا على تشريك أهل القبلة وسبي ذراريهم وغنيمة أموالهم، والله أعلم.

قوله:**من لم يعرف ما يقولون الخ.** يعني جعلوا قولهم في تسمية الجبابرة بالشرك مما لا يسع جهله، ولا يكون أحد مسلماً إلا بمعرفته واعتقاده والديانة به أنه حق.

قوله رحمه الله:**ثم تأولوا القرآن على غير يريد** كتأويلهم لقوله تعالى: ﴿وَإِنْ أَطَعْتُمُوهُمْ إِنَّكُمْ لَمُشْرِكُونَ﴾ [الأنعام:١٢١]، فقالوا: يعني وإن أطعتموهم في أكل الميتة إنكم لمشركون، فقالوا: هذه الآية دليل لنا على تسمية أهل الأحداث بالشرك، وإنما تأويلها عند المسلمين وإن أطعتموهم في تحليل الميتة لا في أكلها إنكم لمشركون، لأن من استحل ما حرم الله فهو كافر، ونحو هذا من التأويلات.

---

(٢٦٣) أئمة: أيمة، أ

(٢٦٤) فلا: لا، أ.

(٢٦٥) أصنافا: أصناف، أ.

(٢٦٦) خمس عشرة: خمسة عشر، أ.

(٢٦٧) فرقة: فرق، أ.

(٢٦٨) البيهسية: اليسيسية، أ.

الثالثة من كان صائماً(٢٥٧) جاز له أن يجامع أهله ما دام ليلا، لكن وجوب الطهارة عليه مع طلوع الفجر حرمه من الجماع إلى طلوع الفجر، والله أعلم.

ومن حاشية القواعد لأصحاب الربيع ما يدل على صحة قولنا حيث قال بعد كلام حكاه عن ابن وصاف، وذكر أموراً كثيرة من الواجبات والمحرمات كل ذلك واسع جهل معرفته ما لم يحضر وقته إلى أن قال: لكن ذكر أبو العباس أحمد بن بكر في كتاب تبيين أفعال العباد ما يدل على أنه يكفر بالفعل دون الجهل حيث قال: وكذلك إن لم يعلم أنه عمل ذنباً أن يقول تبت من ذنوبي، ولا يحط عنه فرض التوبة جهلُ الذنب، كما لا تجبُ عليه معرفة الذنب [الذي] فعله(٢٥٨). وقال أيضا صاحب الأثر رحمه الله وعليهم الكف عن كل ما حرم الله عليهم في تلك(٢٥٩) الجملة التي سمعوا واحتج بها عليهم وأن يؤدوا(٢٦٠) ما فيها من الفرائض على ما فرض الله ورسوله، وقد أمكنهم(٢٦١) فعل ذلك بالمسألة عنه والإدلاء عليه.والكف عما حرم الله يمكنهم بالإدلاء عليه وغير الإدلاء.وقال في أثر: وعليه الكف عن كل ما لا يعلم أنه حرام أو حلال مما أبيح له، ويجوز له فعله، والله أعلم.

قوله:**والبراءة من أهل الحدث الخ**.وفي بعض آثار أهل المشرق قال فيه: وقد أدركنا المسلمين يبرأون من الناس على الأعمال المكفرة لهم ممن كذب الرسول من أهل الأحداث من أهل القبلة، لما شهد منهم من قبيح آثارهم ومساوئ أعمالهم التي استحلوا بها ما حرم الله عليهم ورسوله، وإن لم يشهدوا ولم يدركوا أحداثهم وزمانهم، ولم يشاهدوا معهم ما تقوم به الحجة عليهم، ولكن شهرة أعمالهم قائمة مقام العلامة عنهم.

قال: وقادات أهل الخلاف يبرأ(٢٦٢) منهم بغير حجة من سمع ذلك وقبله، لأن البراءة بمنزلة الديانة، وولاية قادات المسلمين هي البراءة من قادات المخالفين، وكذلك براءة قادات المسلمين هي ولاية قادات

(٢٥٧) صائماً: صاعاً، أ

(٢٥٨) فعله: يفعلونه، أ.

(٢٥٩) تلك: ذلك، أ.

(٢٦٠) وأن يؤدوا: وأدواء، أ.

(٢٦١) أمكنهم: تمكنهم، أ.

(٢٦٢) بريء: يرى، أ.

فقيل: وبماذا عرفت الدلائل والعلامات والبراهين؟ فقال: بالمن والتوفيق. فإن قال قائل ما معنى الدليل والمدلول والاستدلال والمستدل والمُدَلّ والمُدِلّ؟

الجواب في ذلك: أن الدليل كل شيء يؤدي إلى معرفة شيء ويوصل به إلى حقيقة ما هو به مما لا يدرك بالحواس وأما المدلول فهو الشيء التي وصل المستدل إلى حقيقة ما هو به بالدلائل الذي وصل به إليه. وأما الاستدلال فهو فعل المستدل إذا استدل بالدليل على معرفة المدلول. وأما المُدَل بفتح الدال المهملة فهو الذي أدلة الله بالدلائل على معرفة ما لا يدرك إلا بها. وأما المُدِل بكسر الدال المهملة هو الله سبحانه الذي أحدث له الدلائل التي استدل بها على المدلولات والدليل غير المستدل وغير المدلول وغير الاستدلال، والله أعلم.

قوله:**وأما ما عليهم فعله**.يعني ما أوجب الله عليهم فعله دون علمه بخلاف الجملة التي أوجب الله عليهم علمها، وذلك أن أصحابنا قالوا: إن الفرائض التي هي دون التوحيد إنما علينا فِعلُها لا عِلمُها ولكن لا يتوصل إلى فِعلها إلا بعِلمِها، قال في أثر لأصحابنا: وكل ما لا يتوصل إلى عمله إلا بتعليمٍ وإدلالٍ كلفوا(٢٥٣) بالمسألة عنه، وإن لم يسألوا عنه إذا جهلوه فإنما أوتوا من قبلهم لتركهم المسألة عما احتاجوا إليه، وليست المسألة عليهم بفريضة كالرجل تحضره الصلاة والماء مُتنحٍّ(٢٥٤) عنه، فيمشي إلى الماء فيتوضأ، فإنما عليه الفريضة أن يتوضأ بالماء وليس المشي إليه(٢٥٥) فريضة، لأنه قد تمكن [من] أن يكون الماء بحضرته، أو يؤتى به فيتوضأ، فيكون ذلك هو الفريضة ولا يأثم بترك المشي وليس عليهم العلم بالفرائض التي أسلموا على جهلها، ولا الحرام الذي أسلموا على جهله، ووجب عليهم الكف عنه، فإذا علموا ذلك لم يجز لهم الشك فيه بعد العلم، ولهذه المسألة أخوات مثلها أحدها معرفة الله ومعرفة أسمائه. فالواجب على كل بالغ صحيح العقل معرفةُ الله، ولا يجب عليه معرفة أسمائه، ولكن وجوب معرفة الله كلفته معرفة أسمائه لأنه بها يعرف. الثانية: من كان عليه(٢٥٦) دَين وحان وقته وجب عليه أداؤه، ولم يجب إلى المشي إلى الإتيان بالميزان والصاع، ولكن وجوب الدَّين كلّفه إلى الإتيان بالصاع والميزان.

(٢٥٣) وإدلال كلفوا: والادلاء موجودون، أ.

(٢٥٤) متنح: متناحيا، أ.

(٢٥٥) إليه: عليه، أ.

(٢٥٦) عليه : له، أ.

أمثال فكيف بمن ليس كمثله شيء أن تشبهه صنعته. والصنعة لا تشبه الصانع علماً عقلياً لا سبيل إلى دفعه(٢٥١)، وبالله التوفيق.

قوله رحمه الله:**فإذا كان الأمر إلى قوله هذه الجوارح الخمس.**

فإن قال قائل: من أي السبيل يعرف الله؟قيل له: إنما يُعرف الله بالدلائل والعلامات الدالة على وجوده وربوبيته ووحدانيته، ولا يُعرف من قبيل ما يعرف به الخلق، لأن الخلق إنما يعرف كل صنف منهم من قبيل سبيله، فالخلق كله خمسة أصناف، صنف منه الألوان وسبيله الذي يعرف به الإبصار، وصنف منه الأصوات وسبيله الذي يعرف به الأسماع، وصنف منه الروائح وسبيله الذي يعرف به الأشمام، وصنف منه الطعوم وسبيله الذي يعرف به الأذواق، وصنف منه الحرارة والبرودة والليونة والخشونة، وسبيله الذي يعرف به اللمس، فإن الأشياء تعرف من هذه الأسباب [فإن] أدركت الأشياء المختلفة من قبيل هذه الأسباب فهذه دلائل على معرفة الرحمن الذي ليس كمثله شيء. وأما الأسباب التي تدرك بها الدلائل(٢٥٢) فلا يدرك بها الرب تعالى، وذلك لأن البصر ليس له [إليه] سبيل لأنه ليس بلون وإنما سبيل البصر إلى الألوان خاصة، وسبيل السمع إلى الصوت خاصة وليس الله تعالى بصوت، وسبيل الذوق إلى الطعم خاصة والله ليس بطعم، وسبيل الشم إلى الريح خاصة والله ليس بريح، وسبيل اللمس إلى الليانة والخشونة والحرارة والبرودة فليس هو بشيء من هذه الأشياء تعالى الله عن ذلك علواً كبيراً. وإنما يعرف ربنا بالدلائل والعلامات التي جعلها في كبير الخلق وصغيرة، الدالة على ربوبيته ووحدانيته.

وقول المصنف رحمه الله:**فيه إسقاط وهو أنه بقي عليه أن يقول وليس هو بملموس فتدركه الألماس أو يقول وليس هو بليانة ولا خشونة ولا حر ولا برد فتدركه الأيدي والأجساد، ولا شك أنه تصحيف من النساخ، والله أعلم.**

وسئل بعض المشايخ فقيل له: بماذا عرفت ربك؟

فقال: بالدلائل والعلامات والبرهان.

---

(٢٥١) أنظر: أبا ستة السدويكشي، حاشية الترتيب، ٩/٥.

(٢٥٢) الدلائل: الأشياء، أ.

قوله رحمه الله:**إنما سألتك عن الله إذا كان ولا شيء معه ثم أحدث الأشياء** الخ. ومن بعض الآثار فإن قال: أخبرني عن الله إذا كان قبل كل شيء ثم أحدث الأشياء فكان فيها ومعها أليس قد وصفته بالتحويل والتبديل، وأنه كان على ما لم يكن عليه قبل إحداثه الأشياء؟

بقولنا:إن الله تعالى كان قبل كل شيء، والآخر بعد كل شيء يفنى، ومعنى أنه معها وفيها أنه مدبر لها، ليس كونه فيها على الدخول والانتقال والزوال، ولا كونه معها على المجامعة والالتصاق بها تعالى عن ذلك كله، والله أعلم.

قوله رحمه الله: **إن سأل سائل فقال أخبرونا عن الله الذي وصفتموه ..إلى قوله.. أين ومتى هو كان إلى متى يكون.** فقل:المتى لا تجري على الله، وذلك أن السؤال بأين استفهام وسؤال عن مكان، ومتى استفهام وسؤال عن زمان، والله سبحانه لا مكان له لأنه خالق المكان والزمان، وأن جميع ما يجوز عليه السؤال بأين فهو محدود له نهاية، لأنه في مكان محدود متناهٍ في جهة محدودة متناهية، وإنما يريد السائل بأين تعيين الجهة وتمييزها عن سائر الجهات وقد سئل ابن عباس رضي الله عنه فقيل له: أين الله؟ فقال للسائل: بكل أين يعني بكل مكان وهو يعني خالق الأماكن التي تسأل عنها بأين، انتهى.

وكيف بطل عنه السؤال بأين في المكان كذلك بطل السؤال بمتى في الزمان لأن السائل بمتى فإنما سأل عن زمان ماض أو مستقبل، فيقال له: كان بالأمس ويكون غداً، والله يتعالى عن ذلك كله. وفي بعض الآثار قال فيه: لا يقال متى كان، ولا أين كان، لأنه كان ولا مكان ولا زمان، نخلق الزمان والمكان فهما فعله فلا يتقيد بهما إذ [هو] قديم وهما حادثان، والقديم لا يتقيد بالحادث، والله أعلم.

قوله رحمه الله:**أعلم أن كل شيء يبلغه وهمك** الخ.

فإن قال قائل: كيف يعتقد قلبي ما لا يدركه(٢٤٨)، وينطوي على ما [لا] يكيفه؟

قيل له: أتقدر على تكييف عقلك وروحك وفعلك وصحتك وحياتك وسائر المخلوقات المركبة فيك من الغضب والحزن والفرح وسائرها؟ أم تقدر على وصف شيء من ذلك؟ فإن وصفت شيئاً من هذه الأشياء بكيفية(٢٤٩) تدل عليها كابرت(٢٥٠) عقلك، وإن أقررت بالعجز عن تكييف المخلوق الذي له

---

(٢٤٨) يدركه: يعتقده، أ ؛ أنظر: أبا ستة السدويكشي، حاشية الترتيب، ٩/٥.

(٢٤٩) بكيفية: تكيفت، أ.

(٢٥٠) كابرت: كافرة، أ.

السماوات وفي الأرض، ولا يقال: هو في الدنيا، ولا هو في الليل، ولا في النهار، ولا في السنة، ولا في الشهر، ولا في اليوم، ولا في الوقت، ولا تمر عليه الأوقات والأيام، يتعالى الله عن ذلك، ولا يقال هو في الأجسام، ولا في الأعراض.

فإن قال قائل: أخبرنا عن الله عز وجل أليس هو عندكم في كل مكان؟

قيل له: نعم.

فإن قال: أوليست الأماكن كلها محدودة عندكم وهو غير محدود؟

قيل له: نعم.

فإن قال: فكيف يكون غير المحدود في المحدود؟ أوليس كونه في المحدود مما يوجب كونه محدوداً؟

قيل له: ليس كونه في الأشياء على ما توهمت من كون الشيء في الشيء على الوعاء والظرفية [فلا] يلزمنا ما قلت، إنما كونه في الأشياء على الإحاطة والتدبير والزيادة والنقصان، فتدبر قول المصنف في الأصل تتخلص من هذه الشبهة، فإنه -رحمه الله- قد أوضح وبيَّن وكشف عن وجه الحق رضي الله عنه، والله أعلم.

قوله:وصار موصوفاً بأل، يقول ابن يزيد رحمه الله:أن يكون له ست جهات أمام وخلف وفوق وتحت ويمين وشمال، وما والى منه المشرق غير ما والى منه المغرب، وما والى منه السماء غير ما والى منه التحت يعني الأرض، ومعلوم أن له مغيِّراً غيّرهُ، ومُجزئاً جزّأه، وجعل هذا الجزء غير هذا، وجعل له غاية ينتهي إليها من جهة الفوق، وجهة ينتهي إليها من جهة التحت، وأخرى من أمامه، وأخرى من خلفه،وأخرى من يمينه، وأخرى من شماله، والله سبحانه يتعالى عن هذه الصفات، وهذه الجهات، ولا يوصف بشيء منها، ولا يجوز عليه شيء منها، وهي كلها جهات الجسم وخواصه، والله يتعالى أن يكون جسماً فيوصف بهذه الجهات القاضية لحدوث المتصف بها، لأن العقول(٢٤٧) كلها شاهدة لوجود الجهة.قيل: وجد الموجود فدلَّ ذلك على محدث محتاج مفتقر إلى محدِثٍ بإحداثهِ، وربنا جلَّ وعلا مُحدِث لا مُحدَث سبحانه.يقال له: مُحدِث بكسر الدال، ولا يقال له مُحَدَث بفتحه، والله أعلم.

---

(٢٤٧) العقول: المعقول، أ.

قوله رحمه الله:**والله شيء الخ**.قال الفقيه تبغورين بن عيسى في وضعه: اختلف الناس في معنى الشيء وحقيقته وقولنا الذي حفظناه عن أخيارهم: أن الشيء والموجود والموصوف والمتسمى هو المعلوم أنه كان أو يكون في وقت ما، وإن كان فانياً، وما ليس [بشيء] فهو عدم(٢٤٥).قال: والعدم والمعدوم على وجهين، معدوم فانٍ ومعدوم يوجد.

وقال المصنف في كتاب له: لأن الشيء عند أهل اللغة هو ما يجوز أن يوصف ويعبر عنه موجوداً كان أو غير موجود،[و] ضد شيء عدم وليس فيه صفة، لأنه لو كان شيء صفةً لكان عدم صفةً أخرى.قيل: إن جهم بن صفوان لا يجوز عنده أن يقال: الله شيء، قال: لأنه قد يسمى به غيره لأنه منشئ الشيء. يقال له: إنما شيء اسم يدل على وجود، فلو بطل أن يسمى شيئاً لأنه قد يسمى به غيره بطل أن يسمى حياً لتسمية الحيوان به وبطل أن يسمى عالماً وقادراً لأنه يسمى بذلك بعض الخلق، وهذه أسماء لا توجب الاشتباه، وإنما يوجب الاشتباه المثبتة، انتهى.

[وقال] ابن الحسين -رحمه الله-[في] قوله تعالى ﴿قُلِ اللَّهِ شَهِيدٌ بَيْنِي وَبَيْنَكُمْ﴾ [الأنعام:١٩]، تقرير الاستدلال بهذه الآية أنه قال: أي الأشياء أكبر شهادة؟ ثم ذكر في الجواب عن هذا الشيء قوله: ﴿قل الله شهيد بيني وبينكم﴾ وهذا يوجب كون الله شيئاً، كما لو قال أي الناس أصدق؟ فلو قيل: جبريل كان الجواب خطأً، لأن جبريل ليس من الناس، فكذا هنا، والله أعلم.

قوله رحمه الله:**ليس له كيف**.يعني أن الكيف في حقه تعالى محال لأن التكييف من خصائص الأجسام والصور، والله تعالى منزه عن الأجسام والصور وفي أثر: والكيف يجري على وجهين، على الألوان، فيقول: كيف هو؟ فيقال له: أحمر، أصفر، أبيض، وما أشبه ذلك. ويجري أيضا على الحدود والعرض والطول أن يقال: كيف هو؟ فيقال: طويل عريض صحيح سقيم. وهذان الوجهان لا يجريان على الله(٢٤٦).

قوله رحمه الله: **وهو في كل مكان**. يعني بالعلم والحفظ والقدرة والإحاطة والزيادة والنقصان والإحداث والصنعة لها والصانع لا يغيب عن صنعته لا هو كائن فيها على الحلول والانتقال والتمكن. وقال في أثر: ويقال الله في كل مكان، وفي كل الأشياء، وفي كل الخلق، وفي كل العالم كله جائز، ويقال: هو في

(٢٤٥) تبغورين بن عيسى، أصول الدين، ١٣٩.

(٢٤٦) أبو ستة السدويكشي، حاشية الترتيب، ٨/٥.

لا يسع جهلها، فمن جهلها فهو مشرك، ومن علمها فهو موحد. فلا يصفه واصف بصفة من صفاته إلا ووصفه داخل في هذه الجملة، وكذلك لا ينفي عنه أحد صفة من صفات خلقه إلا وذلك النفي داخل في هذه الجملة التي ذكرناها.

ومن قال: ليس الله بجاهل نفى عنه الجهل بالقصد الذي نفاه مجملاً،في قوله:﴿لَيْسَ كَمِثْلِهِ شَيْءٌ﴾ وكذلك ليس بعاجز ولا مكره(٢٤٣)، فهذا النفي في الجملة(٢٤٤) التي فيها نفيٌ لكل العيوب. وكذلك ليس بجسم ولا صورة، وليس بمحدود ولا منبسط، فهذه الكلمات كلها داخلة في جملتها التي هي نفي لجميع ما لا يوصف به، وإثبات ما يوصف به من صفاته، وكذلك ما لم نذكر فعلى حسب ما ذكرنا، والله أعلم.

قوله:**يخرج في باب الفعل الخروج**، يقال على وجهين: خروج المجسم من الجسم بمفارقة مكان الثاني،[و] ظهور الشيء من الشيء نحو: خرج لنا من كلامك نفع وخير، يعني ظهر لنا من كلامك، وهذا هو المراد بقول المصنف: تخرج من باب الفعل يعني تظهر في باب الفعل، والله أعلم.

قوله:**أنا واحد**.قال في أثر: الواحد من الخلق له إما أن يكون واحداً مجازاًلانفراده من غيره، وهو في معناه ليس بواحد فهو متعدد ومتجزئ، وواحد أيضاً من ثانٍ مثله، وإن كان في نفسه غير متعد مع غيره، ولا يكون واحد من الخلق إلا على هذين المعنيين، فالله واحد على الحقيقة ليس بمتعدد ولا متجزئ، وواحد على نفي التثنية عنه أي لا ثاني له ولا نظير. فمن وصف الله بما يوصف به الخلق من المجازات والانعدامات والتثنية والنظائر والأشباه والأمثال فهو جاهل به لا يعرفه، والله أعلم.

قوله رحمه الله: **واحد لا شبيه له**.يعني أن الواحد في حق الله على أربعة أوجه: واحد في ذاته بمعنى أن ذاته ليست بذات جسم فتقبل الانقسام والانعداد، وواحد في الصفات بمعنى أنه لا يوصف الله بما يوصف به الخلق ولا يوصف الخلق بما يوصف به الله، وواحد في الفعل بمعنى أنه لا أحد يفعل كفعل الله من خلق السماوات والأرض وإرسال الرسل وإنزال الكتب وغير ذلك، وواحد في العبادة بمعنى أنه لا معبود على الحقيقة إلا هو، والله أعلم.

---

(٢٤٣) مكره، مكروه، أ.

(٢٤٤) الجملة: جملة، أ.

فنقول: الأظهر وهو الأشهر أن ذلك مما أحصاه رسول الله ﷺ وجمعه، قصد إلى جمعها وتعليمها على ما نقله أبو هريرة إذ ظاهر الكلام يدل على الترغيب في الإحصاء وذلك مما يصعب على الجماهير إذا لم يذكره رسول الله ﷺ على سبيل الجمع والله أعلم.

قوله:حدثوا الناس على قدر عقولهم الخ.

روي أن تلميذاً سأل عالماً عن بعض العلوم فلم يفده، فقيل له: لم منعته، قال: لكل تربة غرس، ولكل بناء أُسّ. (٢٣٩)وقال بعض البلغاء: لكل ثوب لابس، ولكل علم قابس، وينبغي أن يكون للعالم فراسة يتوسم بها المتعلم، ليعرف بها مبلغ طاقته، وقدر استحقاقه فيعطيه ما يحتمله بذكائه، ولا يضعف عنه ببلادته، فإنها أروح للعالم وأنجح للمتعلم وقد روي عن ثابت عن أنس قال قال رسول الله ﷺ: إن لله عباداً(٢٤٠) يعرفون الناس بالتوسم(٢٤١). وقال بعض العلماء: كل علم كثر على المستمع ولم يطاوعه الفهم ازداد القلب [به عمىً] ، وإنما ينفع السمع في الآذان إذا قوي فهم القلوب في الأبدان(٢٤٢). وفي أثر لأصحابنا المشارقة يقول: فعليكم عباد الله بالأنفع لكم من معرفة توحيد الله، بالجملة [التي] تضمنت جميع معاني توحيد الله، ثم أمسكوا عما وراءها من دقائق أبوابها، والدخول فيها بفكرة، ومحاولة حذار الفتنة عند نقصان المعرفة، والعلم بعدل ذلك في خواطر القلوب، ووقوع بلاء لا عذر فيه دون العلم به، واليقين بعلمه له، وفضله في وجوب فرضه، انتهى. والله أعلم.

قوله رحمه الله: **ودلنا على تأويله آثار صنعته الآثار.**جمع أثر، ويريد الدلائل والحجج.

قوله:**سمياً** أي شبيهاً، [و] الشبيه المثل، والمثل مطلق المشاركة والله أعلم.

قوله رحمه الله:**والدليل على ذلك قوله تعالى: ﴿لَيْسَ كَمِثْلِهِ شَيْءٌ﴾ إلخ.**ومن بعض الآثار قال فيه: وأما ما كان فيه النفي لجميع ما لا يوصف به من صفات خلقه قوله: ليس كمثله شيء، وقوله: ليس له سمياً، ولا شبيه ولا نظير. فمن قال: ليس كمثله شيء، أو ليس له سمي، أو ليس له شبيهٌ، أو ليس له نظير، فقد نفى عنه جميع ما لا يوصف به من صفات خلقه، وأثبته على ما هو به صفاته، فهذه حقيقة التوحيد التي

(٢٣٩) أنظر: الماوردي، أدب الدنيا والدين، ٨١.

(٢٤٠) عبادا: عبيدا، أ.

(٢٤١) الماوردي، أدب الدنيا والدين، ٨١.

(٢٤٢) الماوردي، أدب الدنيا والدين، ٨٢.

الله، وما جاء به جبريل عليه السلام يحمله فهو غير الله، وما كان غير الله فهو مخلوق، ولكن أهل الجهل بالله إذا سمعونا نقول: إن قولنا ولفظنا (الله) يعني الحروف المجتمعة التي هي [من] أسماء الله أنها مخلوقة، فيظنون أنا نقول: أن الله تبارك وتعالى مخلوق، ويحملون كلامنا على ما يتوهمون في جهلهم، تعالى الله عن ذلك علواً كبيراً، فلما عابوا علينا هذا القول قلنا لهم: كيف تقولون أنتم؟

قالوا نقول:إن أسماء الله لم تزل معه، ولولا أنها لم تزل معه كما لم يزل لكان بغير اسم، ويكون ولا اسم له، إنما عظم في صدورهم قولهم يكون ولا اسم له، وإنما يريد من يقول: ولا اسم له يعني ليس معه من يسميه، ويعني بقوله:إن الأسماء لم تزل معه كما لم يزل فيكون، ولم يزل معه غيره فجهلوا هذا وما يدخل عليهم فيه، وما يلزم على هذا القول الفاسد أكثر أن يحصى، فانظر كتب الإمام ابن يزيد الفزاري رحمه الله ورضي عنه.

وفي أثر فإن قال قائل: ما أنكرتم أن يكون اسم الله هو الله؟

قيل: لأن الاسم كلام، والله ليس بكلام، والاسم حروف مسموعة والله ليس بحروف ولا مسموع، وأيضا: فإن أسماء الله قد تحرق وتمحى والله يتعالى عن ذلك، فعلمنا أن ما يحرق ويمحى غير الله الذي ليس كمثله شيء.

وأيضا: فإن الأصم والأخرس قد يعرف الله ولا يعرف شيئا من أسمائه، فعلمنا أن أسماء الله التي لا يعرفها غير الله الذي هو به عارف.

وأيضا: فإنا نعرف الله ولا نعرف أسماءه باللغات المختلفة كالرومية والزنجية وغيرهم، فالذي لا نعرف من الأسماء غير الله الذي نحن به عارفون والله أعلم.

قوله:تسعة الخ.

وفي بعض الآثار قال: والأسماء التي سمى الله بها نفسه هي تسعة وتسعون[٢٣٧]، وإنما لم يكملها مائة لأنه وتر يحب الوتر، قال: فإن قيل: فهذه الأسماء التسعة والتسعون[٢٣٨] هل عدّها رسول الله قصداً إلى جمعها أو ترك جمعها إلى من يلتقطها من الكتب والسنة والأخبار الدالة عليها؟

---

(٢٣٧) وتسعون: وتسعين، أ.

(٢٣٨) والتسعون: والتسعين، أ.

﴿له﴾ لا يعود إلى ﴿الله﴾ ولا إلى ﴿الرحمن﴾ بل إلى ما دلَّ عليه، وكذا قوله تعالى: ﴿الله لا إله إلا هو له الأسماء الحسنى﴾ فجمع والجمع لا يجوز في الذات.

وأيضاً: قال رسول الله ﷺ: "إن لله تسعة وتسعين اسماً" فميـّز العدد بالاسم، أي أسماء مائة غير واحد ولا يجوز الإخبار عن المسمى بالجمع(٢٣٥) لأنه واحد سبحانه، ولو كان الاسم هو الله لكان للاسم اسم كما أن لله اسماً، وإن كان لا يجوز أن يكون للاسم اسم آخر والله هو الاسم عندكم، فلا يجوز إذاً أن يكون لله اسم لأن الاسم زعمتم هو الله سبحانه، وإن كان يجوز أن يكون للاسم اسم آخر فهذا ما لا انقطاع له، وهذا هو المحال.

والخلف في كلام العرب ألا ترى أن الله تعالى قال: ﴿قل ادعوا الله أو ادعوا الرحمن﴾، فهذان اسمان لله الواحد وأنت تستدل على ذلك بقوله: ﴿أيا ما تدعوا فله الأسماء الحسنى﴾ ولا يقال: ﴿أياً ما تدعوا﴾ لواحد أبداً في كلام العرب، ثم قال: ﴿فله الأسماء الحسنى﴾ لأن الأسماء الحسنى مضافة إلى الله وما كان مضافاً إليه فهو غيره، ومعنى قوله: ﴿الأسماء﴾ أنه يقع على ثلاثة فصاعداً لأن قوله الأسماء في الكلام يحمل على العدد،وذلك أنك تقول اسم اسمان ثلاثة أسماء، فالأسماء على العدد من ثلاثة إلى ألف أو أكثر لأنه لا يجوز لك أن تقول للأسماء الثلاثة: هذه واحد، ولا يجوز لك أن تقول للاسم الواحد: هذا الأسماء ثلاثة، لأن قولنا: ﴿الأسماء﴾هو مثل قولنا: الأنفس، فقولنا: الأنفس لا يقع إلا على الجملة بل الجماعة من الأنفس، والجماعة لا تكون إلا من ثلاثة، وأكثر ذلك أنك تقول نفس نفسان ثلاثة أنفس، فإنما يقال: الأنفس ثلاثة إلى مائة وأكثر، ولا يجوز أن يقال للنفس الواحدة ولا للنفسين هذه أنفس، لأن قولك: الأنفس هو من ثلاثة إلى ألف وأكثر، وعلى هذا النحو يجري العدد وعليه يجري قولنا: الأسماء، وقولنا: الأنفس فافهم. وجماع ذلك أنه يجوز لك أن تقول: الله واحد، ولا يجوز لك أن تقول:إن الله اثنان أو ثلاثة.

قال المصنف رحمه الله في بعض آثاره:ولا يجوز أن تقول:إن الله غير واحد لأن الله الواحد غير الأسماء التي هي غير واحدة، وما كان غير واحد فهو خلق من خلق الله تعالى، فأسماؤه مخلوقة علـّمها ملائكته وأنبياءه ليدعوه بها، ويستدلوا(٢٣٦) عليه بأسمائه، جاء بها جبريل عليه السلام إلى محمد ﷺ ليدله بها على

---

(٢٣٥) بالجمع: بالحياة، أ.

(٢٣٦) ويستدلوا: ويستدلون، أ.

قوله:**إن العدد كذا فيما رأينا من النسخ ولم نفهم له معنى على هذا**، وعندي أنه صواب لأنه العدم، والمراد أن قوله:**يقدر أن يعلم**، يوجب انعدام العلم منه قبل ذلك، والعدم لا يجري على الله، وكذا في البصر والقدم والله أعلم.

قوله:**وذلك أنه لا يجوز أن تقول العلم الخ**، إن قال قائل: فهل يوصف الله بأن له علماً؟ قيل: علمٌ، على أنه العالِم وليس له علم غيره، ولو جاز أن يكون علمه غيره لجاز أن يكون إما قديماً لم يزل معه فيكون معه أزلياً، فليس الله بواحد قديم إذ شاركه في أزليته غيره، وإما أن يكون علمه مُحدثاً فهو قبل أن يخلقهُ غير عالِم، ولا يجوز أن يكون علمه هو لأنه لو كان علمه هو لجاز أن يقال: يا علم اغفر لي،ويا قدرة أعني،ويا عزة أعزني ونحو ذلك، فلما فسد هذان الوجهان صح أن له علماً على أنه العالم، وقدرة على أنه القدير، وعزّة على أنه العزيز وكذلك جميع صفات ذاته على هذا المعنى والله أعلم.

قوله:**كيف يرغبون**، الرغبة في الشيء الإرادة، المقارنة للرضا من رغبتُ في الشيء بتكسير الغين، وارتغبتُ(٢٢٩) فيه مثله لا من رغبت عن الشيء إذا لم ترده وزهدت فيه.

قوله:**يتضرعون**، وتضرع(٢٣٠) إلى الله إذا استكان وتذلل إليه طالباً لمعروفه، وكذا تصرَّع(٢٣١).

قوله: يقال له: فما وجه قول الله تعالى: ﴿ولله الأسماء الحسنى فادعوه بها﴾ أليس(٢٣٢) عدّى [الفعل] بنفسه إلى الضمير وهو المعنيُّ، وعدّاه(٢٣٣) إلى ﴿الأسماء﴾ بقوله ﴿بها﴾ فعدّاه بالباء إلى السمو(٢٣٤).

وقوله:**في أسمائه**، بجمع الأسماء ولو كان الاسم هو المسمى لم يجز فيه الجمع، وإضافته إلى الهاء العائد إلى الذات، والشيء لا يضاف إلى نفسه، وأيضا قوله تعالى: ﴿قل ادعوا الله أو ادعوا الرحمن﴾، أي سموه كذا قال المفسرون، وأتى ب﴿أو﴾ التي تقتضي أحد الشيئين ثم قال ﴿أيا ما تدعوا﴾ "وأيا" تقتضي[أن] التعود أي الاسمين من الله والرحمن [دعوت] فله الأسماء الحسنى فجمع [بينهما]، قال المفسرون: إن

(٢٢٩) وارتغبت: وإن بغيت، أ.

(٢٣٠) وتضرع: الضرع، أ.

(٢٣١) تصرع: تضرع. أنظر: لسان العرب (صرع)

(٢٣٢) أليس: ليس، أ.

(٢٣٣) وعداه: وعده، أ.

(٢٣٤) السمو: سمو، أ.

ذلك الأغيار ويفتقر إليها، وهي فيما زعموا سبعة وقيل ثمانية معان، بل وجدت عن شيخهم الأشعري أنها معنى قائم بذات الله غيره، فزعموا أن هذه المعاني كلها قديمة مع الله فسبحان الله [رب]العرش(٢١٩) عما يصفون، ولقد أحسن وأبلغ أبو يعقوب يوسف بن إبراهيم حيث يقول في بعض آثاره: فالعجب كل العجب من هؤلاء القوم كيف يرغبون في الكثرة ويرغبون عن الوحدة، فما حاجتهم إلى الكثرة والعدد في ذاته سبحانه، فإن كان مرادهم [مدحه فبأن] يفردوه(٢٢٠) أولى من أن يملأوا الأزل(٢٢١) عليه قدماء، ولينقصوا من هذا العدد [الطويل] فهو أولى(٢٢٢) بالجليل حين جعلوا السمع والبصر من المعاني السبعة القائمة بذات الباري سبحانه،أوليس(٢٢٣) البصر عبارة عن درك الألوان، والسمع عبارة عبارة عن درك الأصوات؟والله أعلم(٢٢٤). وقال صاحب الموجز رادا على الأشعرية في قولهم بالتعدد والتغاير والقيام بالذات ما نصه [وذلك أن الأخيرين لما سمعوا بذكر العلم و القدرة والحياة والعزة والسمع و البصر وسائر الصفات قالوا: فلن تجوز أن تكون هذه المعاني كلها معنى واحداً بل هي معانٍ متغايرة متعددة فلما أن أثبتوا صفات الله معاني متعددة التمسوا لهذه المعاني المتغايرة المتعددة محلا يحلونها به] (٢٢٥) ومقاماً يقيمونها فيه فلم يجدوه لما كان الله في أزليته ليس معه شيء غيره، فلما لم يجدوا لما(٢٢٦) أقدموا عليه من القول بهذا مخرجاً سقط في أيديهم ورأوا أنهم قد ضلوا، فتجاسروا على القول بأنها حالَّةٌبالصانع(٢٢٧) جل جلاله قائمة بذاته تعالى عن ذلك علواً كبيراً إلى أن قال: وما عسى أن يُردَّ عليهم بأقبح من مقالتهم حيث زعموا أن الله تعالى محلٌّ للأشياء، وأثبتوا أن ذاته محلٌّ للمعاني، وضاهوا(٢٢٨) بذلك قول اليعقوبية من النصارى انتهى، والله أعلم.

---

(٢١٩) العرش: بالعرش، أ.

(٢٢٠) يفردوه: ليفردوه، أ.

(٢٢١) يملئوا الأزل: يصفوه، أ.

(٢٢٢) فهو أولى: لولا أولا، أ.

(٢٢٣) أوليس: وليس، أ.

(٢٢٤) الوارجلاني، الدليل والبرهان، ١/ ١٦٦.

(٢٢٥) أبو عمار عبد الكافي، الموجز ، ٢/ ١٩٣.

(٢٢٦) لما: مما، أ.

(٢٢٧) بالصانع: الصانع، أ.

(٢٢٨) وضاهوا: وظاهروا، أ.

مستحيل عن الله تعالى، واللطيف الذي هو العليم بدقائق الأمور ومشكلاته هو في وصفه واجب، واللطيف الذي هو المحسن الموصل للمنافع برفق هو في نعته مستحق وهو من صفات فعله، وقوله تعالى: ﴿الله لطيف بعباده﴾ يحتمل المعنيين جميعاً، أن يكون عالما بهم وبموضع حوائجهم يرزق من يشاء كما يشاء، ولطيف بهم يحسن إليهم ويتفضل عليهم ويرفق بهم(٢١٤)، والله أعلم(٢١٥).

قوله:**الأسماء جمع اسم**، والاسم عند الكوفيين مشتق من السمة وهي العلامة وهذا هو الصحيح، وهو قولنا وقول المعتزلة. وقيل: مشتق من السمو وهو العلو والارتفاع قاله البصريون فيما ذكر، وهو قول أصحاب الربيع ووائل والأشاعرة، وعلى هذا أنزل الخلاف في أسماء الله(٢١٦) أمخلوقة أم لا؟ فقال أهل الحق: كان الله في الأزل لا شيء معه لا اسم ولا من يسميه، فلما خلق الخلق سماهم نفسه بأسماء خلقها لهم، دلَّهم بها على معرفته، وجعلها سمة وعلامة عرفوه بها. وقال أهل الحق: لم يزل الله موصوفا بهذه الصفات، متسمى بهذه الأسماء وهذه الأسماء والصفات قديمة لم تزل، ولما انعقد الإجماع منا ومنهم أن الأزل ليس فيه شيء غير الله مع إثباتهم الأسماء والصفات قديمة لم تزل، قالوا: هذه الأسماء والصفات هي الله، وقد جامعونا أن الله واحد والأسماء والصفات كثيرة متعددة، فكيف تكون الأسماء والصفات الكثيرة المتعددة هي الله الواحد الذي لا يجري عليه العدد ولا الكثرة، والله أعلم.

قوله:**تدل على الرزق** يعني، الرزق هو الشيء المهيأ للانتفاع، فإن كان طعاما فلتتغذى به، وإن كان لباساً [فالسترة والتوقي] وإن كان مسكناً فلانتفاع به سكنى، وأصل الرزق في اللغة الحظ والنصيب، والله أعلم.

قوله:**ألا ترى أنك إذا وصفت بعض الخلق بالعلم والسمع والبصر الخ**، اعلم أن الأشاعرة زعموا أن سمع الله تعالى وبصره وقدرته وعلمه وحياته وكلامه معانٍ هي غيره، قائمة بذاته تعالى، بمعنى العلم الذي هو غيره به علم، وبمعنى القدرة الذي قام بذاته وهو غيره(٢١٧) إلى آخرها، فزعموا أنه يقدر بشيء غيره، ويعلم بشيء غيره، ولولا ذلك الغير لما(٢١٨) كان عالماً ولا قادراً ولكان جاهلاً عاجزاً، فزعموا أنه يضطر إلى

(٢١٤) + (حاشية) في أ. فهذه المقولة بتمامها مؤكدة المحشي رحمه الله.

(٢١٥) + (حاشية) في أ. انتهى. منقول من أثر عجيب.

(٢١٦) [إلى هنا انتهى المخطوط ب]

(٢١٧) +: قدرة، أ.

(٢١٨) لما: لا، أ.

قوله:**الباسط** معناه، موسع الرزق على من يشاء.

فإن قلت: إذا كان كل صفة يوصف الله بها وبضدها فهي صفة فعلٍ، فلم جعل الأول والآخر والظاهر والباطن من صفات ذاته وهي متضادة؟ قلنا: هذا النوع من الصفات مما يوهم السامع ممن لا علم له بأنه وصف متضادّ، وليس فيه تضادّ(٢٠٨) ولا اختلاف، وليس شيء منه نافياً(٢٠٩) لغيره من الوصف، فقولك: أول لا ينفي أن يكون آخراً، كما أن قولك: آخر لا ينفي أن يكون أولاً لأن معنى أول على حدة من معنى آخر، وكذلك قولك: ظاهر لا يمنع القول بأنه باطن، ولا ينفيه لأن معنى ظاهر على حدة من معنى باطن ولكل وصف من هذه الأوصاف معنى لا يمنع صاحبه فاعلموا ذلك، والأول هو القديم ومعناه نفي العدم السابق للوجود، والآخر هو الباقي ومعناه نفي العدم اللاحق للوجود، والظاهر هو الذي يعلم ولا يختفي، والباطن هو الذي يعلم ولا يشاهد ولا يجاهر تعالى الله عن مماثلة البرية سبحانه.

ومن أثر آخر قال: ومعنى قول القائل الله أول أي ليس بحدثٍ، وقوله: الله آخر ليس بفانٍ، والله أعلم.

قوله:**الحكيم**، يعني أن الحكيم من الصفات المشتركة(٢١٠). وفي أثر قال: الحكمة هي وضع الأشياء مواضعها، كما أن العبث والسفه بخلاف ذلك. وقال آخر: الحكمة هي علم الأشياء على ما هي عليه في نفس الأمر والعمل على نفس الصواب. وقال بعض العلماء: الحكيم هو الذي لا يدخل تدبيره خلل ولا زلل، والله أعلم. فتبين(٢١١) أنها من الصفات المشتركة، والله أعلم.

قوله:**اللطيف**(٢١٢) يعني، من الصفات المشتركة. قال في أثر: اللطيف له ثلاثة معان، أحدها: أن يكون عالماً بدقائق الأمور وغوامضها ومشكلاتها، يقال: فلان لطيف الكف إذا كان حاذقاً في صنعته ماهراًمتهذباً بما أشكل على(٢١٣) غيره. والثاني: اللطيف هو الشيء الصغير وهو ضد الكثير، فيقال: لطف يلطف فهو لطيف إذا صغر ودق. والثالث: يقال لطف يلطف إذا رفق به وأوصل إليه منافعه من حيث لا يعلم هو ولا يقدر عليه برفق معه. فاللطيف الذي هو الدقيق الذي هو ضد الكثيف هو في وصفه

---

(٢٠٨) تضاد: تضادد، أ ب.

(٢٠٩) ناقيا: نافي، أ ب.

(٢١٠) + :(حاشية) في أ: العبارة عن الصفات المشتركة.

(٢١١) + (حاشية) في أ. قوله: فتبين إلخ... ليس من كلام المحشي.

(٢١٢) + (حاشية) في أ. قوله: اللطيف أول كلام المحشي في هذه .

(٢١٣) أشكل على: شكل عن، أ ب.

قوله: **المبدئ** معناه، المحدث لكل ما أحدث بعد إذ لم يكن فهو المحدث لذلك كله.

قوله:**المعيد** معناه، الذي يعيد الأشياء بعد فنائها.

قوله: **المحيي** معناه، هو الذي أحيا الحيوان وما جرى عليه اسم الحياة مثل النبات فهو المحيي لذلك كله.

قوله:**المميت** معناه، الذي أمات كل حي ويفنيهم.

قوله:**المثيب** معناه، هو الذي يثيب من أطاعه بالجنة.

وأما **الغفور**: فهو الذي يغفر الذنب ويعفو عنّا، مثلما يقال: غفر الله لك، وعفاك أي، جاوز عنك.

قوله:**الولي** معناه عندنا، هو الموالي لأوليائه وأهل طاعته بما سمّاهم به من(٢٠٥) الأسماء الحسنى، وما أوجب لهم من الثواب في الآخرة.

قوله:**المحب**، فالحب من الله مدح وثواب وقبول.

قوله:**المبغض**، فالبغض منه ذم وعقاب وسخط، نعوذ بالله من ذلك.

قوله:**الباعث** فهو الذي يبعث الموتى بعد فنائهم ويعيدهم كما كانوا. وقيل: باعث الرسل. قوله: الوارث معناه، الباقي بعد فناء خلقه، والمالك بعد زوال الأملاك.

قوله:**الوهاب** معناه، والله أعلم، هو الذي يهب أي: يعطي لكل ذي قسم ما قسم له.

قوله:**الحفيظ**، قيل معناه: العليم.

قوله:**المجيد**، قال الزجاجي(٢٠٦): معناه الحسن الفعال، وقيل: المجيد من له المجد، والمجد العظمة، وفي أثر المجيد معناه الجواد الكثير الإفضال، فعلى هذا يكون المجيد من الصفات المشتركة كما صرح به الشيخ أبو زيد رحمه الله في بعض آثاره، والله أعلم.(٢٠٧)

قوله:**الشاهد** معناه العالم.

قوله:**الرقيب**، قيل: معناه: العليم الذي لا يغيب عنه شيء.

قوله:**القابض** معناه، المضيق على من أراد.

---

(٢٠٤) + :(حاشية) ، أ. قوله: الخالق والخلاق والبارئ؛ أما الخالق هو من كلام المحشي، وأما كل ما تقدم من تفسير الأسماء فليس من كلامه.

(٢٠٥) هو: من، أ.

(٢٠٦) أنظر: الجويني، الإرشاد إلى قواطع الأدلة، ٦٦.

(٢٠٧) + :(حاشية) ، أ. هو آخر كلام المحشي في هذه المقولة.

أطلق الأول من غير تقييد انصرف إلى الله عز وجل، ولا يقال ذلك لأحد إلا بتقييد أي: هو أول قومه، وأول القادمين مثلا، وما أشبه هذا، والله أعلم.

قوله:**الآخر** معناه، الذي لا نهاية له ولا غاية(١٩٨). وفي الكشاف:"الآخر هو الذي يبقى بعد هلاك كل شيء وليس لآخريته فناء(١٩٩)".

قوله:**الظاهر**(٢٠٠) فهو الذي ظهر لخلقه بالدلائل والعلامات التي عرفوه بها من غير درك الحواس.

قوله:**الباطن**(٢٠١) فهو الذي بطن عن درك الحواس.

قوله:**الدائم** معناه، الذي لا يزول، وقيل معناه: نفي النهاية عنه.

قوله:**الحي**، قال في الكشاف:"يعني الباقي الذي لا سبيل عليه للفناء، وهو على اصطلاح المتكلمين الذي يصح أن يعلم ويقدر(٢٠٢)"، والله أعلم.

قوله:**لم يلد** فيكون ولده له نظيراً، ومن الحاجة طلب الوالد الولد ليتكثر به ويتعزز وليس الله بمحتاج.

قوله:**ولم يولد** فيكون والده له نظيراً فيكون منسوباً إليه ومعروفا.

قوله: ولم يكن له كفواً أحد، نفى عن نفسه الأشباه والأمثال.

قوله:﴿لَيْسَ كَمِثْلِهِ شَيْءٌ﴾، وقوله:﴿لاَ تُدْرِكُهُ الأَبْصَارُ وَهُوَيُدْرِكُ الأَبْصَارَ﴾ وقوله:﴿هَلْ تَعْلَمُ لَهُ سَمِيًّا﴾، والله أعلم(٢٠٣).

قوله:**الخالق، الخلاق، الباري**، إن الخالق والخلاق والباري(٢٠٤) والمصور معناها واحدوالألفاظ مختلفة، وهو الذي صوّر الصور على اختلافها في أجناسها مختلفة ومتشابهة، فصوّر الأجناس فكل جنس مخالف لغيره.

---

(١٩٨) غاية: منقضية، أ ب.

(١٩٩) الكشاف، ٤٧٢/٤.

(٢٠٠) +: (حاشية) ، أ. وقيل: معنى الظاهر القاهر من قول القائل ظهر فلان على فلان.

(٢٠١) + (حاشية) ، أ. وقيل: هو العلم بالخفيات.

(٢٠٢) الكشاف، ٢٩٩/١.

(٢٠٣) +: (حاشية) ، أ. قوله: وهذه من صفاته التي لم يزل موصوفا بها إلخ... حد الأزل عبارة عن عدم الأشياء وعدم الخلق. وقيل: اسم وعبارة وضعت لما بعد حدوث العالم، وليس هناك معنا موهما. وقيل: اسم معلق لا إلى شيء، والله أعلم. قوله: يزل الله: لم يكن عدما ولا يزال لا يكون معدوما ولا يزول أي لا ينتقل والأزل ما ليس بمعنى. ومن قال الأزل شيء فقد أشرك ولا تنفعه الصلة.

الآخر: هل تُثبت ضد ما نفيت أن معنىً يقال له [العلم] هو ضد الجهل إذا عُدّ العالم هو وذلك العلم صارا[١٩٤] شيئين فهذا خطأ، لأن الأضداد لا تثبت في الله، والأضداد تثبت لمن تحل الأشياء في ذاته، والله تعالى لا تحل الأشياء في ذاته، فالمسألة هل تثبت ضد ما نفيت خطأ، والله أعلم.

قوله:**القدوس** يعني، البليغ في النزاهة عما يستقبح، وقيل: الطاهر من كل دنس، المنفي عنه جميع العيوب.

قوله: **السلام** معناه، الذي لا سفه قِبلَهُ ولا عبث. وفي الكشاف:"وصف به لكونه سليما من النقائص"[١٩٥].

قوله:**المؤمن** فهو الذي أمن العباد من ظلمه، ولا ظلم قِبَله ولا نصب، وقيل: المؤمن المصدق لرسله وكتبه ووعده ووعيده بالإنجاز، فعلى هذا يكون المؤمن صفة فعل، فيكون الكلام حينئذ موافقا لكلام العبارات، حيث جعل الصدق صفة فعل فمن أراد بتقريره فعليه بكتاب العبارات. وفي الكشاف:"المؤمن يعني واهب الأمن"[١٩٦].

قوله: **المهيمن**، قيل: الشاهد، وقيل: الرقيب الحافظ قاله الخليل.

قوله:**العزيز**، معناه عند معظم العلماء، القدير القاهر، والعزة هي: القدرة والاستطاعة والغلبة منه.

قوله:**الجبار**[١٩٧] معناه، هو الذي جبر العباد كلهم على ما هم عليه من صورهم.

قوله:**المتكبر** يعني، المتعالي المنزّه عن صفات خلقه من الضعف والذلة، فهو متعال من أن يوصف بذلك.

قوله:**الأول** يعني، على الحقيقة بنفسه. فقولنا: أول نفى أن يكون سبقه شيء غيره كان قبله. كما روى ابن عباس رضي الله عنه أن الله تعالى يقول:"أنا الأول فلم يكن شيء لي سابقا من خلقي".

وقولنا: على الحقيقة نفى أن يكون أوليته كأولية غيره من الخلق، لأن المخلوق إنما يقال له أول بالنسبة إلى غيره في شيء مخصوص، كما يقال أول الخلق بعد رسول الله ﷺ أبو بكر الصديق رضي الله عنه، وأول من أفرد الأذان معاوية بن أبي سفيان ونحو ذلك، والله أعلم. وأول ليس له بدء ولا حدث، فمتى

---

(١٩٤) صارا: صار، أ ب.

(١٩٥) الكشاف، ٥٠٩/٤.

(١٩٦) الكشاف، ٥٠٩/٤.

(١٩٧) +: (حاشية) أ. قوله: الجبار إلخ المناسب لمن حشاه أن يذكر المعنى الذي لصفات بالذات لأنها ذكرها فيها وهو الممتنع من أن يناله أحد أو يدركه بصفة وحد ويجوز أن يقال: لم يزل الله جبارا إذا كان عزيزا لا يناله أحد ولا يقهره غيره.

ولله في كل تحريكةٍ*** [علينا] وتسكينةٍ شاهدُ
وفي كل شيء له آيةٌ *** تدل على أنه واحدُ(١٨٩)

قوله:**العالم العلاّم**، معناه والله أعلم، العليم يعني يعلم كل شيء بنفسه، فقولنا: عليم نفى عنه الجهل لأن الشيء ينفى بضده كما تقدم. وقولنا: يعلم كل شيء، نفى أن يكون يعلم بعض الأشياء دون جميعها(١٩٠)، لأن ذلك إنما هو صفة الخالق، لأن الواحد من الخلق وإن كان عالما ببعض الأشياء فهو جاهل بما سواها، وعلمه مما(١٩١) علم منها إنما هو علمٌ استفاده بعد الجهل، والله تعالى عن ذلك علواً كبيراً، وقولنا: بنفسه ينفي عنه أن يكون يعلم بعلمٍ غيرِهِ زائدٍ على ذاتِهِ، يستعين به على معرفة الأشياء ، كالواحد منا، لأن الواحد منا يعلم من الأشياء بعلم غيره زائد على ذاته، فعلمه غيره ويدلك على ذلك أن الإنسان قد يكون لا علم له بالشيء اليوم ثم يعلمه غداً فيكون له به علم، فالبدن الموجود في اليوم الأول غير العلم الذي لم يوجد إلا في اليوم الثاني، وأيضا يكون الإنسان له علم بالشيء ثم يذهب ذلك العلم عنه وينساهُ، والإنسان(١٩٢) باقٍ على ما هو لم ينقص منه شيء، فعلمنا أن العلم الذاهب غير البدن الباقي، فتبين أن المخلوق يعلم الشيء بشيء غير ذاته لا يكون عالماً إلا بوجوده فيه، ولولاه لكان الإنسان في نفسه جاهلاً، ولذلك كان المخلوق لا يعلم إلا أشياء قليلة دون غيرها من جميع الأشياء، وأما الله سبحانه فإنه عالم بذاته لا بعلم غيره تعالى عن ذلك، ولذلك كان عالما بجميع الأشياء، قليلها وكثيرها، ظاهرها وباطنها، لا يخفى عليه شيء في الأرض ولا في السماء. والله أعلم.

قال المصنف رحمه الله في كتابه هذا:"فإن قال قائل ما معناك الله عالم؟ قيل: أعني أنه ليس بجاهل.

فإن قال: فهل يُنفى عن الشيء شيء إلا وهو واقعٌ عليه ضدُّه؟ قيل: أما في الخلق فنعم، وأما في الله فلا".

وقال في العبارات:"فإن قال قائل: فهل يثبت بنفي الجهل عنه ضد ما نفيت؟ قيل: كلامك يحتمل معنيين، أحدهما: هل تثبته(١٩٣) بصفة هي ضد صفة الجهل فنعم العالم على غير صفة الجاهل؟ والمعنى

---

(١٨٩) الأبيات لأبي العتاهية.

(١٩٠) جميعها: بعض جميعها، أ ب.

(١٩١) مما: كما، أ ب.

(١٩٢) فالإنسان: والإنسان، أ.

(١٩٣) هل تثبته: فعل تثبت، أ ب.

وقال أيضاً في رسالة لإخوانه بعد كلام طويل:"**لأن لكل حدث أولاً، وما لا أول له فهو قديم، وذلك هو الله المريد لكل ما أحدث، لا يفعل شيئاً من ذلك تبارك وتعالى إلا إرادة، فالله المريد الأول القديم الذي لو شاء أهلك كل ما أحدث، والإرادة ها هنا على جهة الملك والقدرة، فهذا مما يوصف به، وكل ما علم فهو يريده على هذه الجهة**". انتهى، والله أعلم.

قوله رحمه الله:"**وأنه الواحد الأحد**(١٨٦)"، أشار إلى أن الله تعالى واحد على الحقيقة، يعني أنه لا يتجزأ لا أنه كوحدانية هذا الخلق الذي يقال له واحد في المجاز، وهو في الحقيقة ليس بواحد لأنه أجزاء متعددة كثيرة، وذلك أن الواحد يقال على وجهين: إما بالحقيقة وإما بالمجاز، فالواحد بالحقيقة هو الذي لا جزء له البتة، والواحد بالمجاز هو كل جملة يقال لها واحد، كما يقال: عشرة واحدة، ومائة واحدة، وألف واحد، ويقال: الخلق كله واحد، ونحو ذلك فالواحد على الحقيقة هو الله سبحانه، والواحد على المجاز غيره.

قال المصنف رحمه اللهفي بعض آثاره الشريفة:"**الواحد الذي ليس باثنين لأنه ليس أحد من الخلق بواحد، وإن كان واحداً لانفراده بنفسه، والبينونة من غيره إلا أنه هو غير واحد من التجزئة والنواحي.**" وفي كتاب مفتاح الشريعة لأهل عمان:"الواحد على الحقيقة هو الذي لا ينقسم في وجود(١٨٧) ولا في رسم، وهو المتفرد الذي لا ثاني له". انتهى، والله أعلم.

فإن قال قائل: إذا قلت إن الله تعالى واحد وأنت واحد فما الفرق؟ قيل له: أنا واحدُ الاسم أشياءُ في الحقيقةِ لأن لي النصف والثلث والربع والعشر، والله واحدٌ في الاسم واحد في المعنى، لا يجوز عليه التجزئة والقسمة والتبعيض جلّ(١٨٨) الله عن ذلك، وفرق آخر أنه جائز أن يرفع الله تعالى الاجتماع مني فأصير متفرقاً بعد أن كنت مجتمعاً والله تعالى لا يجوز عليه ذلك لأنه خالق، والخالق لا يشبه المخلوق، ولقد أحسن القائل وأصاب حيث قال:

فيا عجبا كيف يعصى الإله*** أم كيف يجحده الجاحد

---

(١٨٦) +: (حاشية) ، أ. قوله رحمه الله: الأحد، قال في المنهاج: والأحد اسم أكبر من الواحد، ألا ترى لو أنّك قلت: فلان لا يقوم له واحد لجاز في المعنى أن يقوم له اثنان أو ثلاثة فما فوقهم، وإذا قلت: لا يقوم له أحد فقد أشعرت أنه لا يقوم له أحد، وفي الأحد خصوصية ليست في الواحد، تقول: ليس في الدار واحد يجوز أن يكون ليس في الدار واحد من الدواب والطيور، وكان الواحد للناس ولغير الناس، وإذا قلت ليس في الدار أحد فهو مخصوص بالآدميين دون غيرهم، والأحد مشعر في الحساب ...إلخ.

(١٨٧) وجوده: وجود، أ.

(١٨٨) + (حاشية) أ. وفي كتاب الوضع: وقال الحكيم أيا عجبا إلخ...

وقولنا: بنفسه، ينفي عنه أن يكون يقدر على الأشياء بشيء غير ذاته [كما] يقال للواحد(١٨٤) منا لأن الواحد منا لا يخفى أنّ قدرته وقوته شيء غيره يوجد فيه حيناً ويفقد حيناً فلا يكون قادراً قوياً إلا به، ولولا تلك القدرة لكان البدن ليس بقادر ولا قوي بل عاجز ضعيف، ولذلك كان لا يقدر إلا على شيء دون شيء، وأما الله سبحانه فإنه قادر قوي بنفسه لا بقدرة ولا قوة غيره تعالى الله عن ذلك علواً كبيراً، ولذلك قدر على الأشياء كلها، وكان الله على كل شيء قديراً.

والقدرة في كلام الشيخ الفزاري رحمه الله ورضي الله عنه هي إمكان الشيء ونفي الاستصعاب والتعذر والامتناع، وأن الشيء غير متأنّ(١٨٥) [عنه] ولا معجوز، والله أعلم.

قوله:**مريد لا يستكره إلخ**، يعني أن الإرادة من صفات ذاته التي لم يزل بها، ومعناها نفي الاستكراه عن الله فيما يفعله، يعني لا أحد يغلب الله ويقهره ويستكرهه على تكوين شيء من الأشياء، بل هو تعالى يكون ما يكونه بإرادته واختياره، فقولنا: أراد الكفر من الكافرين، معناه أنه لم يستكره على جعل أفعال الكافرين كفرا إلا على معنى أنه يجب أن يكون الكفر من الكافرين، والله أعلم.

قال الشيخ إسماعيل رحمه الله:"والإرادة صفة ذات محضة وهي نفي الاستكراه". وقال أبو زيد رحمه الله: "فأخبرنا بلفظ مريد ليدلنا أنه بريء من الغلبة والاستكراه." وقال المصنف رحمه الله في العبارات:**الإرادة صفة ذات لم يزل بها، وهي إن كانت كذلك فهي منفصلة من العلم والقدرة لأن الإرادة خرجت من تأويل القدرة، ولكن القدرة إذا ذكرت بشبه الإرادة جمعت المراد، ألا ترى أنك إذا قلت: أراد كذا وكذا تثبت المراد كائناً، وإذا ذكرت القدرة بغير ذكر الإرادة لم تثبت أن مقدورها كائن والإرادة كالأفاعيل في حالها،والأفاعيل المستأنفة كما كانت القدرة وليس تحت الإرادة إلا فعلٌ، كما ليس تحت القدرة إلا فعل، ولا تكون الإرادة لشيء إلا كان، والقدرة قد تكون ولا يكون المقدور عليه، فهذا وجه انفصالها**". انتهى، والله أعلم.

وقال في أثر:"**وإنما أراد الله تعالى الكفر والمعاصي والقبائح والفساد كل ذلك إرادة بمعنى أنه لم يغلب على كون ذلك في ملكه وسلطانه، ولم يرد ذلك إرادة أمر ومحبة، والله أعلم**."

(١٨٤) للواحد: له الواحد، أ ب.

(١٨٥) متأن: متاني، أ ب.

فعلٍ". قال المصنف في العبارات:"إن سأل سائل فقال: لم يزل الله يسمع الكلام؟ قيل: نعم لا على إيجاب قِدَم الكلام ولكنه على أنه لم يستحدث الدرك للكلام، إنما تأويل سمع علم إلا لما يجمع المسموع من أنه كلام وصوت، ألا ترى أنك تقول لم يزل يسمع الكلام، فإن قال: لم يزل يسمعه كائناً؟ قيل: لا ولكنه لم يزل يسمعه، يكون كما تقول لم يزل يعلمه يكون، وكذلك لم يزل يبصر الأشياء ويراها لا على تأويل رآها كائنة ولكن رآها تكون، فسمع وأدرك وعرف وأحاط واستبان وخبير وذاكرٌ للأشياء بسواء، وإنما قلنا: ذاكر لأن النسيان جهلٌ وغفلة، فلما أن كان لا يغفل ولا ينسى، قيل: ذاكرٌ وحافظٌ للأشياء، لأن خلاف حافظ ناسٍ(١٨٠) والله أعلم. وفي أثر بعض القوم قال: اتفق المسلمون على أن الله سميع بصير ولكنهم اختلفوا في معناه فقال: حكيما الإسلام الكعبي وأبو الحسن البصري: السمع والبصر عبارة عن علمه بالمسموعات والمبصورات، أقول: وهذا هو قولنا الذي قاله أصحابنا رحمهم الله ونصّه المصنف رحمه الله هنا وفي غيره من كتبه، والله أعلم.

وفي أثر قال: الدليل على أن السمع بمعنى العلم قوله تعالى: ﴿وإنا لما سمعنا الهدى آمنا به﴾ أي: علمناه. وقال أبو بكر الصديق رضي الله عنه:"يذودوننا عن ديننا ونذودهم عن الكفر، والرحمن راءٍ وسامعٍ(١٨١)، أي عالم، والله أعلم".

قوله:**قدير يعني**، على كل شيء بنفسه، فقولنا: قدير نفى عنه العجز والضعف، لأن القدرة هي القوة وضد القوة العجز، وضد القوة الضعف، وقد تبين(١٨٢) أن الأشياء تعرف(١٨٣) بأضدادها. وقولنا: كل شيء، نفى أن يكون إنما يقدر على بعض الأشياء دون جميعها، فيكون عاجزاً عن تلك الأشياء التي لم يقدر عليها تعالى عن ذلك، وإنما ذلك صفة خلقه، لأن العجز من صفاتهم التي لا يزالون موصوفين بها، وإن قدروا على شيء فقد عجزوا عن أشياء كثيرة، فسبحان القادر على كل شيء الذي لا يعجزه شيء من الأشياء.

---

(١٨٠) خلاف حافظ ناس: خلافه حافظ ناسي، أ ب.

(١٨١) راء وسامع: راى وسمع، أ ب.

(١٨٢) تبين: تقوم، أ ب.

(١٨٣) تعرف: تبقى، أ ب.

مخلوق، وكل ما سوى الله فهو حادث موجود بعد أن كان معدوما، والذي لا أول له هو القديم الذي لا بداية لوجوده وهو الله وحده، قديم لا قديم إلا هو.

وقولنا: على الحقيقة، ينفي أن يكون يقال له قديم على ما يقال لبعض خلقه قديم، كما يقال: هذا البنيان قديم، وعرجون قديم، وثوب قديم، لأنه يقال ذلك لتلك الأشياء على طول مدة وجودها مع العلم بحدوثها ولا يراد أنها لم تحدث، ولم يكن وجودها بعد عدم، وأما الله سبحانه فهو القديم على الحقيقة الذي لم يوجد بعد عدم، وكل ما سواه فهو حادث موجود بعد العدم.

وقولنا: بنفسه نفى أن يكون القدم الذي وصفته به معنى غيره كان به قديماً، وإنما عبارة تنفي عنه الحدوث بعد العدم.

قال الشيخ إسماعيل رحمه الله في شرحه:"والقدم صفة من صفاته التي لم يزل بها، وهي نفي البدء(١٧٧) والحدوث عنه، وتأويل لم يزل مثل تأويل قديم، والقدم في كلام الفزاري رحمه الله قال: أعني قبل حدث وأنه من غير بدء(١٧٨). والله أعلم.

قوله:**سميع لا يجهل الأصوات بصير لا تخفى إلخ**، أي ليس سمعه وبصره تعالى بحاسة سمعٍ و حاسة بصرٍ، ولا معنيين زائدين على الذات يسمع بها المسموعات ويبصر بها المبصورات كما قالت المشبهة تعالى الله عن قولهم، وإنما سمعه عِلمُه بالأصوات المسموعات وبصره علمه بالألوان المبصرات، وهما صفتان تنفيان عنه الصمم والعمى، لأن الصمم والعمى آفتان مانعتان من معرفة الأصوات والألوان ونحوهما، وروي أن عائشة رضي الله عنها سألت النبي عليه السلام فقالت:«يا رسول الله ما معنى سميع بصير؟ قال: سميع لا تخفى عليه الأصوات، بصير لا تخفى عليه الألوان، يا عائشة من شبّه الله أو مثّله لقي الله وهو عليه غضبان».

قال الشيخ إسماعيل في شرحه للصفات:"والسميع في صفات الذات العالم، وهو في صفات الفعل القابل للدعاء والقبول فعل." وقال(١٧٩) أبو زيد رحمه الله:"وكذلك السميع قد يكون المعنى العالم بالأقوال والأصوات، فيكون صفة ذات، وقديكون بمعنى قبول الدعاء والذكر وغيرهما من الأقوال، فتكون صفة

(١٧٧) البدء: البدو، أ.

(١٧٨) بدء: بدو، أ.

(١٧٩) وقال: وقول، أ ب.

وكذلك بصره وقدرته وإرادته وكلامه وسائر صفاته، وأما الله تعالى فعلى خلاف ذلك كله في جميع المعاني، وأفعاله لا تشبه أفعال غيره لأن أفعال غيره لا تكون إلا بالمعالجة والمعاناة والممازجة والحركة والسكون والمشقة والتعب والاهتمام ونحو ذلك، وأفعال الله كلها بخلاف ذلك كله ﴿إِنَّمَا أَمْرُهُ إِذَا أَرَادَ شَيْئًا أَنْ يَقُولَ لَهُ كُنْ فَيَكُونُ﴾ [يس:٨٢]الآية، فقولنا: ﴿لَيْسَ كَمِثْلِهِ شَيْءٌ﴾، نفى عنه المماثلة بينه وبين الأشياء التي هي غيره ولم تثبت شيئا غيره بل أثبته وحده لا يشبه شيئاً من خلقه، فافهم ما فسرنا لك، فإن كثيرا من الناس هلكوا بتشبيههم لله حتى قلّما(١٧٥) يوجد في أهل زماننا مريد براء من التشبيه، فاعلم وأيقن يقيناً لا شك معه أن الله لا يشبه شيئاً من خلقِه في صفاتهم وصورهم، لأن من ليس كمثله شيء، لا يكون على صفة شيء، ولا على صورة شيء، وكل ما يدركه العقل يكيفه ويمثله ويخيله ويصوره، فإنه خلقٌ من خلقِ الله، فلا تترك قلبك أن يتفكر في الله ولا يتوهمه، واعتقد أن الله موجود ليس كمثله شيء في جميع المعاني على ما شرحناه لك فيما تقوم، وما هو مبسوط في كتب العلماء العارفين بالله، وأمسك عما سوى ذلك مما يؤديك إلى تشبيه الله وتمثيله بخلقه تفلح إن شاء الله.

قال الشيخ إسماعيل رحمه الله في شرحه للصفات قوله:**ليس كمثله شيء إلخ** معتمد على قوله تعالى: ﴿لَيْسَ كَمِثْلِهِ شَيْءٌ﴾ وهذه الآية كافُها صفةٌ، ولو تحققت لحصل التشبيه بالكاف، ولكن المعنى ليس شيء من الأشياء سواه مثله، وهي صفة من صفة ذاته، والمعنى أنه مخالف لكل ما خلق أي لا أحد يشبهه، ولا يشبه أحداً في الذات والصفات والأفعال.

قال الشيخ أبو زيد عبد الرحمن الزواري [في كتابه] الولولي رحمه الله في شرحه للعقيدة بعد كلام طويل:"تعالى الله أن يشبه خلقه في شيء من معانيهم، لأنه لو أشبه شيئاً من الأشياء ولو في أقل قليل لدخل عليه العجز من تلك الصفة، فلهذا وجب على المكلف [أن يعرف] حقيقة الوحدانية لله تعالى، ويصفه بما يليق له من الصفات، وينفي عنه شبه الأشياء من جميع الجهات والله أعلم.

قوله:**قديم**، يعني على الحقيقة بنفسه. فقولنا: قديم، نفى عنه الحدوث والبدء و سبقية العدم لأن القِدمَ ضده الحدوث، فلذلك ينفى به، فالشيء إما أن يكون له أول أو لا أول له، فالذي له أول هو الحادث والذي لا أول له هو الله تبارك وتعالى(١٧٦) والذي لم يكن ثم كان فهو حادث وكل حادث فهو

---

(١٧٥) قلّما: قالوا ، أ.

(١٧٦) + : والذي لا أول له هو الله تبارك وتعالى، أ.

يكون الله علم نفسه بالدلائل كما علمه خلقه بها وعلمه خلقه بالمشاهدة كما علم نفسه بها، ولكنه علم نفسه لا بما علمه به خلقه". انتهى، والله أعلم.

قوله: **لأنه أتقى الناس عند الله** وروي عنه عليه السلام أنه قال: أنا أخوفكم لله، قوله رحمه الله: وذلك عمر بن [الخطاب] رضي الله عنه إلخ روي عن النبي عليه السلام أنه قال:«خير أمتي القرن الذي بعثت فيه ثم الذين يلونهم ثم الذين يلونهم ثم الآخر شر إلى يوم القيامة». وعنه أنه قال:«ليس شيء يعدل بألفٍ مثله إلا الإنسان فعمرُ خيرٌ من ألفٍ مثله» يعني عمر بن الخطاب رضي الله عنه قال ابن مسعود:"ليس عام إلا وهو أشر من الذي قبله وكذلك الآخر والآخر، فقال له رجل: يا أبا عبد الرحمن فنحن العام أخصب من العام الأول وأكثر مغانم وأرخص سعرا، فقال ابن مسعود: ليس بخصبكم ولا بجدبكم ولا بركم ولا بحركم ولكنّه ذهاب العلماء قد كان فيهم العام الأول عمر رضي الله عنه فأروني مثله". انتهى، والله أعلم.

من كتاب أيضا: قوله:"وجاء في الأثر: الأثر ما آثره المسلمون ودونوه وأوضحوه وكتبوه في كتبهم وهي في آثارهم واشتقاقه من أثر القدم كأن المسلمين(١٧٢) تتابعوا عليه وسنُّوه حتى صار طريقا وجمعه آثار، وآثار المسلمين هي كتبهم وتآليفهم(١٧٣) وما كتبوه فيها من سيرهم ورأيهم". انتهى. (١٧٤)من شرح الدعائم، والله أعلم.

قوله: **ليس كمثله شيء إلخ** يعني ليس شيء كهو في ذات ولا في صفة ولا في فعلٍ أي ذاته لا تشبه ذوات غيره لأن غيره أجسام مؤلفة من الأجزاء، محتاجة إلى مكان تكن فيه، وفوقٍ يظلها، وتحتٍ يقلها، ويمينٍ وشمالٍ وقدامٍ ووراء وخلف ونحو ذلك، وذات الله تعالى خلاف ذلك كله، وصفاته لا تشبه صفات غيره لأن صفات غيره دالّة على عجزهم وضعفهم واحتياجهم وافتقارهم، وكونهم خلقاً لخالق، وصنعةً لصانع، وذلك أن من يوصف منهم بالحياة حياته شيءٌ غيره، وأودعه الله في بدنه، فإذا فارق بدنه بطلَ أن يسمى حياً فالبدن يحتاج إلى تلك الحياة وإلا كان ميتاً، ويدلك على ذلك أن الحياة قد تذهب ويبقى البدن ميّتاً، فالحياة الذاهبة غير البدن الباقي، وكذلك سمعُه قد يذهب ويبقى البدن على ما هي،

---

(١٧٢) كأن المسلمين: كان المسلمون، أ ب.

(١٧٣) وتآليفهم: تواليفهم، أ ب.

(١٧٤) + (حاشية) ، أ: هذه المقولة ليست من كلام الشيخ عبد الرحمن في هذا الموضع ولكن من ما نقله أخوه سالم حفظه الله.

أتاني جبريل قط إلا وهو يرعد، وما أتاني إلا وهو قاطب أو كالقاطب، وكلمته في ذلك، فقال:يامحمّد إن أمر الله جد ما تبسمت منذ خلقت النار»، والله أعلم.

قوله: وليس ذلك بفضل العلم منهم، هكذا وجدنا في نسخ أهل زماننا، ولكن الظاهر أنه لحن وتصحيف من النساخ، وأن الحق فيه زيادة إلا بين قوله: وليس ذلك، وقوله: بفضل العلم فيكون حينئذ وليس ذلك إلا بفضل العلم منهم، ويكون الضمير من منهم ضمير الأنبياء والعلماء، والمعنى على هذا أنه لما كان الأنبياء والعلماء لا يقع في قلوبهم ما ادّعى الملحدون مع وقوعه في قلوب بعض الناس لعلمهم بالنية وبدينه وما يجوز وما لا يجوز، فلما كانوا على بصيرة ويقين لا يختلجهم معه التشكيك، ولا يدخل عليهم فيه الريب، كانوا لا يقع في قلوبهم قول الملحدين، إذ قد علموا أن الحق خلافه، وأن قول الملحدين باطل، وأما غيرهم ممن لم يبلغ درجتهم ومبلغهم من العلم فهم واقعون في ظلمة الحيرة وأودية الجهالة، فكل ما عرض لعقولهم أخلطها عليهم، وأوقع بهم الشك والريب، حتى يظن بعضهم أنه حق، بل يحقق ويجزم في ذلك، وذلك بجهله وقلة معرفته وعلمه، هذا ما ظهر لي في هذه المسألة، ولا أرى لها معنى غير هذا، إلا أن يكون فيها شيء لم أطّلع على فهمه، والله أعلم.

قوله: وكلما ازداد العبد علماً ازداد يقينا. قال الفضيل بن عياض: خشية المرء على قدر علمه بالله. قالوا: وأمارة دخول الإيمان القلب ومعرفة الله ألا(١٧٠) يتجرأ ولا يجسر على شيء مما نهى الله عنه لأن من يفز قلبه بمعرفة ربه لا يجترأ ولا يجسر على معصية الله، والله أعلم.

قوله:**فهل يعلم الله من نفسه إلخ**. قال في أثر:"فإن سأل سائل عن الله إذ كان هو أعلم بنفسه من غيره، هل علم من نفسه معنى لم يعلمه غيره؟ قيل له: لا يجوز أن يقال يعلم من نفسه ما لا يعلمه غيره منه، فالذي علمه الله أنه واحد هو الذي علمه خلقه أنه واحد ليس بمتجزأ ولا بمتبعض، فيعلم من نفسه ما لا يعلمه غيره فالمعلوم(١٧١) واحد، وإن كان هو أعلم بنفسه من غيره فلا يجوز أن يعلم من نفسه ما لا يعلمه غيره." انتهى، وقال في أثر:"الله سبحانه علم نفسه وعلمه خلقه علم نفسه بالمشاهدة وعلمه خلقه بالدلائل والعلامات وهو أعلم بنفسه من خلقه إذ لا يجري عليه الجهل لنفسه ولا يكون عالما لنفسه بعد إذ لم يعلمها والخلق علموه بعد إذ لم يعلموه وغيرهم علمهم ما لم يعلموا، ولا يجوز علم من نفسه معنىً لم يعلمه غيره، ولا يجوز علم نفسه كما علمه خلقهُ، ولا علمه خلقه كما علم نفسه لأن ذلك يوجب التشبيه بين الخالق والمخلوق أن

(١٧٠) ألا: أن لا، أ ب.

(١٧١) فالمعلوم: فالمعدوم، أ ب.

وإن كان فانياً، وما ليس بشيء فهو باطل وعدم(١٦٧). والمعدوم على وجهين، معدوم فانٍ ومعدوم يوجد"(١٦٨). وقال المصنف في كتاب له:"إن الشيء عند أهل اللغة هو ما يجوز أن يوصف ويعبّر عنه موجوداً كان أو غير موجود، وضد شيء عدم، وليس فيه صفة، لأنه لو كان شيء صفةً لكان عدم صفة أخرى".

قوله:**الله ألهمهم**، والإلهام في اللغة: هو الإعلام مطلقاً، وفي العرف: هو إلقاء معنى من الخير في قلب العبد باستفاضة فكرية منه. نقلته من أثر"وقيل: الإلهام هو الإيقاع في الروع من علم يدعو إلى العمل من غير استدلال بآية ولا نظر ولا حجة" انتهى، كذا ذكره في كتاب الأصول، والله أعلم. قوله: إنها أربع وأربع وثلاث بعدهن أربع والوتر، عن أبي قال: سعيد بن زنغيل قال: الوتر فريضة، وهو قول ابن محبوب، وهو في سنة الرسول، فمن تركه متعمداً ولم يصله من حيث فرغ من صلاة العشاء حتى يطلع عليه(١٦٩) الفجر فهو هالك.

وقد سأل أبو عمر وائل [أبو] الربيع سليمان بن زرقون: ما هو عندك؟ فقال: فرض من سنة الرسول.

قال: فقلت له: فمن طلع عليه الفجر ولم يصله عمداً؟ قال: قد أتى ذنبا.

فقلت: أوليس هو هالكاً؟ قال لي: أمَا كل فرض يصرح بهلاك تاركه.

قلت: بيّن لي ذلك؟ قال: من لم يردّ سلاماً، وترك الصلاة على النبي صلى الله عليه وسلم وشبهها كثير، والصحيح أنه فرض كالظهر والعصر فمن تركه متعمداً حتى خرج وقته فقد كفر، هذا هو مذهبنا، والله أعلم.

قوله:**وصلة الرحم**، وفي بعض الكتب قال في صلة الرحم: إنه لا يضيق عليك إلا فيمن ترثه ويرثك، والله أعلم.

قوله:**ملك مقرب إلخ**، وفي أثر قال: "اعلم أن أشد خلقِ الله خوفاً الملائكة والأنبياء والعلماء والأولياء وأهل البصيرة، قال رسول الله ﷺ: «جاءني جبريل عليه السلام وهو يرعد خوفا من النار، وقال: ما

---

(١٦٧) وعدم: قال والعدم، أ ب.

(١٦٨) انظر تبغورين ، أصول الدين ، ص ١٣٩.

(١٦٩) عليه:-، ب.

قوله:**مع أن الإمساك اكتساب**، والاكتساب هو: القصد والتخيّر، وهو ضد الاضطرار الذي هو عدم القصد، فمن قصد فعله وتخيره من غيره من الأفعال فإن ذلك الفعل منه اكتساب، لأنه مستطيع أخذه أو تركه، ومن فعل فعلاً ولم يقصده ولم يخيره عن غيره، ولا يستطيع أن يكف عنه، فإن فعله ذلك فعل اضطرارٍ، وذلك كحركة المرتعش، والساقط من فوق جدار.ومن أثر للمصنف رحمه الله:"وإذا قيل لك: ما عين الاكتساب؟ فقل: فعل النفس بالتطوع على غير الاستكراه." انتهى، والله أعلم.

قوله:**ونهي النفس إلخ**، يعني ونهي النفس الأمارة بالسوء عن الهوى المردي(١٦٣)، وهو اتباع الشهوة وزجرها عنه، وضبطها بالصبر والتوطين على الخير، فإن الجنة هي مأواه، والله أعلم.

قوله:**في الولاية إنها فرض**، ومما يدل على وجوب الولاية والبراءة من الأدلة العقلية أنه ليس مطيعاً(١٦٤) لله من لم يوال وليه، ولم يعاد عدوه، ويصادق أولياءه،ويخاللهم ويواصلهم، ويعادي أعداءه ويخالفهم، ويقاطعهم ويباعدهم. وقال ابن عباس: أوحى الله إلى نبي من الأنبياء، أتعلم زهدك في الدنيا، فقد استعجلت الراحة، وأما انقطاعك إليّ فهو عزك، ولكن هل واليت لي ولياً أو عاديت لي عدواً.وسئل النبي: أي شيء عمله الرجل استكمل به حقيقة الإيمان؟ قال: يوالي أولياء الله، ويعادي أعداء الله ويكون مع الصديقين كما أمر الله.

قوله رحمه الله: **فهي أحب إلخ**، قال حذيفة: كيف يؤمن بالله من لا يحبه؟ وكيف يحب من يحب ما أبغض، أقول: الله تعالى ليس بجسم فيقع عليه الوهم لكي يحب ما وقع عليه وهمه فليس محبة العبد لله كذلك. ومن أثر ولاية العباد لله هي قبول طاعته من جميع ما أمرهم به ونهاهم عنه وابتغاء مرضاته، وألا يفعلوا(١٦٥) ما يوجب سخطه وعقابه، والله أعلم(١٦٦).

قوله: **شيء إلخ**. قال تبغورين عيسى في وضعه:"وقد اختلف الناس في معنى الشيء وحقيقته، وقولنا الذي حفظنا عن أخيارهم: أن الشيء والموجود والموصوف والمتسمى هو المعلوم، أنه كان أو يكون في وقت ما

(١٦٣) الردي:المردي، أ.

(١٦٤) مطيعا: مطيع، أ ب.

(١٦٥) وألا يفعلوا: وأن لا يفعلوه، أ ب.

(١٦٦) قوله رحمه الله: فهي أحب" إلى قوله: "ما يوجب سخطه وعقابه، والله أعلم.، -، ب.

الأمر(١٥٨) بفعله، كما أنه إذا قال رجل لآخر: اسكن كان ناهياً له عن الحركة، أو تحرك كان ناهيا له عن السكون. وأما في إلزام الموسع فليس الأمر فيه نهياً عن ضده، كالصلاة في أول الوقت مأمور بفعلها وليس منهياً(١٥٩) عن تركها، أي في ذلك الوقت، لأنه لو نهي عن تركها في ذلك الوقت لكان إذا أخّرها إلى آخر الوقت أو إلى وسطه لكان عاصياً، والله أعلم.

قوله: **حتى** هو وقت وجوب الفرض، قد ذكر هذا المعنى صاحب تقرير القواعد في فعل دلالته المفهوم الذي يفهم من اللفظ من غير أن يستفاد من منطوقه، فقال:"من(١٦٠) **القسم الخامس يعني من أقسام**(١٦١) **مفهوم الاسم الغاية،وهو أن المعنى له**(١٦٢) **غاية ينتهي عند وجود الغاية، كقوله عليه السلام:«لا زكاة على المال حتى يحول عليه الحول»** يدل على وجوب الزكاة عند وجود الحول، لأن الحول جعل غاية للنفي، وغاية الشيء آخره، وليس بعده شيء، وإلا لما كان الآخر آخر، وهذا محال، ثم قال: وهذا يشبه أن يكون دلالة منطوقة لا مفهومة." انتهى، والله أعلم.

قوله رحمه الله:**وأما الوقوف فيمن نجهل إلخ**، وفي كتاب الضياء:"وإذا كان لك وليّان فقتل كل واحد منهما صاحبه، ولا تعلم على ماذا قتله فهما في الوقوف، لإشكال أمرهما، وترك الشبهة فيهما،[وإن] كان عشرة نفر كلهم في الولاية فقتل بعضهم بعضاً ولم نعلم الباغي من المبغى عليه، فتكون الولاية والبراءة بعد العلم." انتهى، والله أعلم.

قوله رحمه الله:**لا يملكون الشفاعة إلى آخره**، يعني أن معبوداتهم التي يعبدونها من دون الله، ويطمعون أن تشفع لهم ويقولون ﴿هؤلاء شفعاؤنا﴾ لا تملك الشفاعة ولا تقدر عليها، ولكن إنما يملك الشفاعة عند الله من شهد بالحق، وهو توحيد الله، وهو يعلم ما يشهد به ببصيرة وإيمان وإخلاص، وهم الملائكة والأنبياء والعلماء، ووجه الدليل فيه قوله تعالى: ﴿إلا من شهد بالحق وهم يعلمون﴾، فاستشرط على الشهادة بالحق العلم به، فعلم أنه يأمر بالوقوف عند الحدث والشبهة، وثبت أن الوقوف دين أمر الله به، والله أعلم.

---

(١٥٨) الأمر: المر: أ ب.

(١٥٩) منهيا: منهي، أ ب.

(١٦٠) من :+، ب.

(١٦١) من أقسام: -، ب.

(١٦٢) له: إلى، أ ب.

لأن مجهول التحريم لا يسع مقارفته على العلم والجهل، وقد سماه المصنف رحمه الله في كتابه هذا حراما معروفاً لا مجهولاً في آخر الكلام، وهو قوله: كل من أقر بجملة نبي من الأنبياء ...إلخ.

قوله:(**ولتعرفنهم بسيماهم إلخ**) الآية، أي بنعتهم، قال:"ولتعرفنهم في لحن القول، أي بعللهم الكاذبة، وما كانوا يعتذرون به من الباطل في الغزو وفيما(١٥٣) يكون منهم من القول، فيجحدونه ويعتذرون، ويحلفون بالله إن اردنا إلا الحسنى، ثم أخبره بهم فلم يخف عن رسول الله منافق بعد هذه الآية فأسرهم رسول الله إلى حذيفة". انتهى. من هود(١٥٤) بن محكم والله أعلم.

قوله رحمه الله : **في الشاك**، المعنى: في ذلك أن السائل رحمه الله سأل شيخه أبا محمد عبد الله بن يزيد الفزاري رحمه الله قال له: أخبرنا عن رجل شكّ في ضلال من استحل دماء المسلمين، وهو لا يعرف دين المسلمين؟ فأجابه رحمه الله: أنه كافر لا يسع الشك فيه، أي في كفره بل معرفة كفره مما لا يسع الناس جهله بعد العلم(١٥٥)، فانظر ذلك وتدبره وتأمل(١٥٦) كيف جعل من شك في ضلال من استحل دماء المسلمين، ولو كان لا يدرك أننا ندين فيمن استحل دماءنا بالضلال وبتضليل من شك في تضليله، فكيف بمن يعلم أن المسلمين يدينون بتضليل من استحل دماءهم، وبتضليل من شك في ذلك ثم يتعمد خلافهم، ولم يرض(١٥٧) بحكمهم، وترك ما آثروه، وعمل برأيه الأحمق، وعقله الفاسد، وشك في كفر من استحل دماء المسلمين، وتبرأ منهم، وقال بذلك كله فيهم، نعوذ بالله من ذلك الضلال بعد الهدى، والعمى بعد البصر، ونعوذ بالله أن نخالف المسلمين في قول أو فعل أو اعتقاد أو حكم، بل نحن لهم متبعون ومقتفون أثرهم غير مبتدعين، والله أعلم.

قوله رحمه الله:**النهي عن الشيء هو الأمر بضده**، يعني في الفروض المضيقة كالولاية والعداوة والصلاة في آخر وقتها ونحو ذلك، فالأمر بالفعل في هذا هو النهي عن ضده، وهو الترك والنهي عن الترك فيه هو

---

(١٥٣) الغزو وفيما: العزوف مما، أ ب.

(١٥٤) هود بن: هو دين، أ.

(١٥٥) +:(حاشية)، أ. أي: لمن علم استحلاله لذلك ولو كان المستحل لم يصح لأنه وجب الكف وترك الادعاء لأنه حرام معروف كما تقدم في الحرام المعروف على العلم والجهل.

(١٥٦) فانظر وتدبر وتأمل: فانظر ذلك وتدبره وتأمل، أ.

(١٥٧) يرضى: يرض، أ ب.

أخواته من رضاع أو نسب ثم مات الشهود وجحدت النسوة أن تكون كل واحد هي المشهود عليها(١٤٧)، أيحل وطؤهن؟ فإن أبوا ذلك سئلوا الفرق، وإن جوزوا ذلك وهو(١٤٨) قياس مذهبهم وأصل قولهم أنه يقيم على وطء ثلاث أخوات يعلمهم يقيناً(١٤٩) لا شك فيه، وكذلك يرفع إلى أن الثلاث بنات فيقيم على وطء البنات والأخوات،والتوضؤ بالبول فنعوذ بالله من قول يفضي(١٥٠) بصاحبه إلى استحسان المجوسية، ويخرجه خطأ مذهبه، والقياس على أصله الفاسد إلى إباحة ما حرم الله.

قوله رحمه الله:**فنحن لا نخاف من حيث أمّننا** يعني والله أعلم، أن الولاية إنما وجبت علينا لمن لم يكن عليه(١٥١) حدث ولا شبهة، وأما مع الحدث والشبهة فلا، فنحن آمنون من المؤاخذة على ترك الولاية مع الحدث والشبهة، وإنما نخاف من حيث خوفنا يعني من ولاية الكافرين، لأنا إذا قطعنا فيه بالولاية مع جهلنا بحاله، وكان عند الله كافراً فقد ولينا الكافرين، ونحن في سعة عن ولايته، وقد نهانا الله عن ولاية الكافرين. وأيضاً: فالله سبحانه نهانا عن الحكم والقول بغير علم، فإذا حكمنا في هذا بالولاية مع جهلنا بحاله أي بفعله فقد حكمنا، وقلنا بغير علم، وأما إذا أمسكنا عن ولايته لجهلنا بحاله فقد فعلنا ما أمرنا الله به، فإنه أمرنا الله بالإمساك عما لا علم لنا به، فنحن من هاهنا آمنون من المؤاخذة، وغير آمنين على الوجه الثاني، والله أعلم.

قوله رحمه الله: **في الحرام إلخ**، ذكر ابن الحسين في كتابه اختلافاً بين العلماء كثيراً، ثم ذكر أن شيخنا عبد الله بن يزيد مصنف هذا الكتاب كان يقول فيه إن كل ما نهى الله عنه فقارفه مقارف على الجهل، يعني كنكاح الأمهات والبنات والأخوات، وأكل الميتة، والدم، ولحم الخنزير، [وأخذ المال] الغصب من حيث لا يعلم ففعله حرام، مخطوط(١٥٢) عنه، وقال بعد أن حكى ما تقول:"وهو قول عبد الله بن يزيد الفزاري رحمه الله ورضي عنه". انتهى، والله أعلم.والمراد بالحرام المجهول مجهول العين لا مجهول التحريم،

(١٤٧) +: هي، ب.

(١٤٨) وهو: وهي، أ ب.

(١٤٩) يقينا: يقين، أ ب.

(١٥٠) يفضي: يفظي، أ ب.

(١٥١) عليه: -، أ.

(١٥٢) مخطوط: محطو، أ ب.

من غير عذر، فأمسك رسول الله صلى الله عيه وسلم عنهم وأمر المسلمين أن يمسكوا عنهم فلم يظهر براءة منهم، ووقف حتى أتاه الوحي عنهم من الله، ولم يكن رسول الله ﷺ متكلفاً فيقول بلا علم، وكان كما وصفه الله في كتابه بقوله: ﴿إِنْ أَتَّبِعُ إِلاَّ مَا يُوحَى إِلَيَّ﴾ [يونس:١٥]، فما أمر الله به ائتمر، وما زجره عنه انزجر، وما سكت عنه الله سكت عنه رسول الله حتى أتاه البيان فيه من الله عز وجل. فلما كان حدث الثلاثة أمسك عنهم حتى نبّأه الله من أخبارهم، ولو كان بان كفر أحدٍ منهم بفعله لم يتركه رسول الله ﷺ على كفر قد بان منه، ولم يستتبه منه ولا يقوم بحق الله عليه، فأمسك رسول الله ﷺ عما [لا] يعلم، وما علم [لا] له به حتى يأتيه العلم به من الله تعالى، فلما جاءه العلم من الله تعالى فيهم أنزل توبتهم فقال الله تعالى فيما أنزل ﴿وَعَلَى الثَّلاثَةِ الَّذِينَ خُلِّفُواْ حَتَّى إِذَا ضَاقَتْ عَلَيْهِمُ الأَرْضُ بِمَا رَحُبَتْ وَضَاقَتْ عَلَيْهِمْ أَنفُسُهُمْ﴾ إلى قوله﴿التَّوَّابُ الرَّحِيمُ﴾ [التوبة:١١٨]، فهذه منزلة وقوف وأمر بيّن فاضح لمن انتفع وقبل الحق وعرف فضله، والله المعين والموفق للرشاد والهدى، وكثير من الحجج القاطعة والبراهين الساطعة تركناه اختصاراً، فمن أراد ذلك فعليه برسالة الشيخ ابن يزيد الفزاري رحمه الله ورضي عنه، ويقال لهؤلاء الزاعمين أنه لا وقوف فيمن كان له أصل الولاية ولا تزول(١٤٦) الولاية عندهم إلا بالبراءة، ما الذي دعاكم إلى تولية كل شخص على الانفراد، وقد أخطأتم علماً بتوليكم لمن أوجب الله له البراءة منه.

فإن قالوا: ليس الولاية من حق كل واحد منهما قبل هذا الوقف، فلا نقطع عنه حقه الواجب له ونحن لم نحط علماً بأن حقه قد زال عنه.

قيل لهم: فكذلك قولكم في الشهود لو أتى رجل ممن كنا نتولاه قبل ذلك خالطهم رجل زانٍ فلم يعلم أيهما الزاني، ثم شهدوا في حدّ من الحدود قذفٍ أو سفك دمٍ أكنّا نقبلها ونقطع الحكم بسفك دم من شهدوا عليه، ونحدّ من شُهِد عليه بالقذف، فإن قدموا على تسوية الولاية والشهادة فأجازوا شهادتهم وأنفذوا الحكم بها، سئلوا عن إناءين من ماء كانا طاهرين ثم قطرت قطرة من بول في أحدهما ولم يعلم أيهما هو أيجوز التوضؤ بكل واحد منهما؟ فإن أبوا ذلك سئلوا [عن] الفرق إذ كل واحد منهما طاهر قبل حدوث البول فيه جائز التوضؤ به فأنّى طهارته ولم يحط علما بالنجاسة منها، وإن أقدموا على التوضؤ بهما وهو قياس مذهبهم ونظر مقالتهم قيل لهم: أرأيتم أربع نسوة لرجل يطؤهن ثم شهد شهود على أن ثلاثا

(١٤٦) تزول: تزيل، أ ب.

قوله:"**إذا أظهر المسلمون إلخ**"، هذا القول قالته(١٤٠) جميع الفرق أنه(١٤١) كان رسول الله صلى الله عليه وسلم فظهر الدين بالمدينة بعد هجرته، فكل من كان معه، أو مع أبي بكر وعمر وعثمان رضي الله عنهم قبل الفرقة في الدار فهو مؤمن ولي حتى يتبين خلاف ذلك، ما كان به، والله أعلم.

قوله:"**إذا كان المسلمون في الكتمان ..إلخ**" هذا هو الحق، وقد خالفه قوم قالوا:إذا(١٤٢) حدثت الفرقة وصار الغالب على الدار في حينٍ من لا يتولاه، وفي حين من يتولاه، فأهل الدار في غلبة غير أهل الولاية عليها عندنا أهل براءة حتى يتبين لنا من صلاحهم، وإن غلب أهل الولاية فالحكم للغالب، وإن غلب أهل التوحيد فالحكم لهم، وإن غلب أهل التشبيه فالحكم لهم.

قوله:**إنهم يؤخذون الخ**، يعني بهم الفرقة الإباضية أصحاب الربيع بن حبيب ووائل، وهم الوهبية، يزعمون أن من(١٤٣) ثبتت له الولاية فلا تزول عنه إلا بالبراءة، ولا يصح عندهم الوقوف بعد الولاية وخالفهم أصحابنا في ذلك وقالوا: من رأينا منه الوفاء ولم تكن له شبهة تمنعه من الولاية فنحن نتولاه ما كان كذلك، فإن أحدث الشبهة أزلنا عنه(١٤٤) الولاية، ووقفنا حتى يتبين حاله، فإذا تبين لنا استحقاقه الولاية رددناه إليها، وإن تبين لنا استحقاقه البراءة أخرجناه إليها، وما لم يتبين لنا أحواله نقف ولا نقطع فيه بولاية ولا ببراءة،ووافقهم على هذا أحمد بن الحسين الأطرابلسي ومن تابعه من الإباضية، وحجة أصحابنا في ذلك قول الله تعالى:﴿وَلاَ تَقْفُ مَا لَيْسَ لَكَ بِهِ عِلْمٌ...﴾إلخ [الإسراء:٣٦] الآية، لا يستطيع أحد دفعه لأنه(١٤٥) جحد بالتنزيل، قال الله في كتابه في الثلاثة الذين تخلفوا حيث يقول: ﴿وَآخَرُونَ مُرْجَوْنَ لِأَمْرِ اللهِ إِمَّا يُعَذِّبُهُمْ وَإِمَّا يَتُوبُ عَلَيْهِمْ وَاللهُ عَلِيمٌ حَكِيمٌ﴾ [التوبة:١٠٦]، ألا ترى أنه في كتابه لم يبين للنبي عليه السلام منزلتهم من الولاية والبراءة حيث سماهم مرجون لأمر الله، وهم ثلاثة نفر من الأنصار: مرارة بن ربيعة، وكعب بن مالك، وهلال بن أمية، تخلفوا عن رسول الله ﷺ في غزوة تبوك

(١٤٠) قالته: قله، أ.

(١٤١) +: قد، ب.

(١٤٢) إذا: لما، أ ب.

(١٤٣) من:-، أ.

(١٤٤) عنه: عند، أ.

(١٤٥) لأنه: لأن، أ.

قباء، وقالوا للنبي بنينا مسجدا لذي العلة والحاجة والليلة المطيرة والشاتية، ونحن نحب أن تصلي لنا فيه، وتدعو لنا بالبركة، فقال لهم: إني على جناح سفر، وحال شغل، فإذا قدمنا إن شاء الله صلينا فيه، فلما قفل من غزوة تبوك سألوه إتيان المسجد فنزلت(١٣٥)عليه، فدعا بمالك بن الدُّخشم ومعن بن عدي وعامر بن السكن، ووحشي قاتل حمزة وقال: لهم انطلقوا إلى هذا المسجد الظالم أهله فاهدموه، وأحرقوه، ففعلوا وأمر أن يتخذوا مكانه كناسة(١٣٦) تلقى فيها(١٣٧) الجيف والقمامة، ومات أبو عامر بالشام والله أعلم. وقوله: ضراراً،مضارة لأصحابهم، أي لإخوانهم أصحاب مسجد قباء، وكفراً تقوية للنفاق، وتفريقا بين المؤمنين لأنهم كانوا يصلون مجتمعين في مسجد قباء فيغتص بهم، فأرادوا أن يتفرقوا عنه، وتختلف كلمتهم، وإرصاد وإعدادا لأجل من حارب الله ورسوله، وهو الراهب أعدوه له ليصلي فيه وليظهر على الرسول، وقيل: كل مسجد يبنى مباهاة ورياء وسمعة أو لغرض سوى ابتغاء وجه الله أو بمال غير طيب فهو لاحق بمسجد الضرار، والله أعلم. قال الزمخشري: فإن قلت: بم يتعلق قوله: من قبل؟ قلت:باتخذوا مسجداً أي اتخذوا مسجداً من قبل أن ينافق هؤلاء بالتخلف ﴿وليحلفن إن أردنا﴾ يعني ما أردنا ببناء هذا المسجد إلا الخصلة الحسنى والإرادة الحسنى وهي الصلاة، وذكر الله والتوسعة على المصلين وروي أن مجمع بن حارثة كان إماماً في مسجد الضرار، فكلّم أصحاب مسجد قباء عمر في خلافته أن يأذن لمجمع بن حارث أن يؤمهم في مسجدهم، فقال: لا ولا نعمة عين، أليس بإمام مسجد الضرار.فقال: يا أمير المؤمنين لا تعجل علي، فوالله لقد صليت بهم، والله يعلم أني لا أعلم ما أضمروا في قلوبهم، ولو علمت ما صليت معهم فيه، كنت غلاماً قارئاً لكتاب الله، وكانوا شيوخا لا يقرأون من القرآن شيئاً، فعذره وصدّقه وأقر بالصلاة بقومه، والله أعلم.

قوله رحمه الله:"**والناس أيضاً**" إلى آخره هذا الوجه يسميه العلماء حرز الدين، والحرز معناه الحفظ، وإنما كانت الولاية والبراءة والوقوف لأن من(١٣٨) والى على الدين وعادى على الدين، ووقف ولم يحكم بشيء فيمن لم يعلم منه وجاء بالدين بلا تضييع(١٣٩)، فقد أحرز دينه وحفظه، والله أعلم.

---

(١٣٥) بمنزلة: فنزلت، أ.

(١٣٦) كناسة: كنائس، أ ب.

(١٣٧) فيها: فيه، أ ب.

(١٣٨) لأن من: لازم، أب.

(١٣٩) بلا تضييع: ولا تضييعا، أ ب.

رجعا قال لهما رسول الله قبل أن يكلماه: يا ويح ثعلبة قالها مرتين، فجاء إليه يعني ثعلبة بالصدقة. فقال: إن الله منعني أن أقبل منك، فجعل يحثو التراب على رأسه، فقال له: هذا عملك قد أمرتك فلم تطعني، فقبض الرسول وجاء بها إلى أبي بكر فلم يقبلها، فجاء إلى عمر في خلافته فلم يقبلها، فهلك في زمن عثمان، والله أعلم.وقوله:﴿وَلَنَكُونَنَّ مِنَ الصَّالِحِينَ﴾الآية قال ابن عباس: يريد الحج. قوله: ﴿فأعقبهم نفاقا..إلخ﴾الآية[والضمير في﴿فأعقبهم﴾] إما [أن يكون] لله فالمعنى(١٢٦): نخذلهم حتى نافقوا، وتمكن في قلوبهم نفاقهم، فلا ينفك عنها إلى أن يموتوا لسبب إخلافهم ما وعدوا الله عليه من التصديق والصلاح، وكونهم كاذبين وهو الظاهر. وإما [أن يكون] الضمير(١٢٧) للبخل فالمعنى(١٢٨): وأورثتم البخل نفاقاً متمكنا في قلوبهم لأنه كان سببا فيه وداعيا إليه، والله أعلم. قوله:﴿وَالَّذِينَ اتَّخَذُواْ مَسْجِدًا ضِرَارًا﴾ إلى آخره [التوبة:١٠٧]،في مصاحف أهل المدينة والشام [الذين] بغير "واو(١٢٩)" لأنها(١٣٠) قصة على حيالها(١٣١)،وفي سائرها(١٣٢) بالواو على(١٣٣) عطف قصة مسجد الضرار الذي أحدثه المنافقون على سائر قصصهم.

روي أن بني عمرو بن عوف لما بنوا مسجد قباء بعثوا إلى رسول الله أن يأتيهم، فأتاهم فصلى فيه لحسدتهم إخوتهم بنو غنم بن عوف، فبنوا مسجداً وتوسلوا إلى رسول الله يصلي فيه، ويصلي فيه أبو عامر الراهب إذا قدم من الشام ليثبت لهم الفضل والزيادة على إخوتهم، وهو الذي سماه رسول الله الفاسق. وقال لرسول الله: لا أجد قوماً يقاتلونك إلا قاتلتك معهم، فلم يزل يقاتله إلى يوم حنين، فلما انهزمت هوازن خرج هارباً إلى الشام وأرسل إلى المنافقين أن استعدوا بما استطعتم من قوة وسلاح فإني ذاهب إلى الشام أي إلى الروم وآت بجنود،ومخرج(١٣٤) محمداً وأصحابه من المدينة فبنوا مسجداً بجانب مسجد

(١٢٦) لله فالمعنى: الظهير لله والمعنى، أ ب.

(١٢٧) الضمير: الظهير، أ ب.

(١٢٨) فالمعنى: والمعنى، أ ب.

(١٢٩) واو: و، أ ب.

(١٣٠) لأنها: لولا أنها، أ ب.

(١٣١) حيالها: احتيالها، ا ب.

(١٣٢) سائرها: سائره، ب.

(١٣٣) على: وعلى، أ ب.

(١٣٤) ومخرج: اخرج، ب.

الثلاثة الأوجه حدّ الدّين، وقد سماه المصنف رحمه الله في غير هذا الكتاب حدّ الدّين وحدّ الدّين هو ما يميّزه من غيره[١٢٣] فمن أتى بهذا الوجه فقد أتى بحدّ الدّين، بمعنى أتى بما يضبط به دينه، ويميّزه، ويجمعه من جميع جهاته بحيث لا يخرج منه شيء، والله أعلم.

وفي أثر: فإن قال قائل: ما أنت بتوحيدك؟ قيل: مستيقن، ومخلص، ومحرم الدماء، والسبي، والغنائم.

فإن قال: ما اعتقادك؟ قيل: ما جاء في الأثر، وصح في النظر.

فإن قال: ما الاقتصاد في الاعتقاد[١٢٤]؟ قيل له: معرفة ما لا يسع الناس جهله، وفعل ما لا يسع الناس تركه، وترك ما لا يسع الناس فعله، والله أعلم. قوله رحمه الله: هو المساواة يعني، هو وصف الخالق بصفة الخلق، أو وصف الخلق بصفة الخالق، فمن وصف الله الخالق بصفة أحد من خلقه، أو وصف أحدا من خلقه ببعض صفات الله الخالق، فقد ساوى بين الله وبين ذلك المخلوق، وأشرك بالله العظيم، لأن التسوية هي الشرك قال الله تعالى: ﴿إِذْ نُسَوِّيكُم بِرَبِّ الْعَالَمِينَ﴾ [الشعراء:٩٨].

قوله رحمه الله:**هو الخيانة**. قيل:إن الخيانة هي النقص من الشيء بإخفاء[١٢٥]، وهي مستعملة في أن يعمل الإنسان خلاف ما ينبغي من حفظ أمر ما، مالاً كان أو سرّاً أو غير ذلك، ومنه قول الله تعالى ﴿يَا أَيُّهَا الَّذِينَ آمَنُواْ لاَ تَخُونُواْ اللّهَ وَالرَّسُولَ وَتَخُونُواْ أَمَانَاتِكُمْ وَأَنتُمْ تَعْلَمُونَ﴾ [الأنفال:٢٧]. والخيانة لله في تنقص أوامره في سره وخيانة الرسول تنقص ما استحفظ. وخيانات الأمانات هي تنقصها وإسقاطها، قوله رحمه الله:﴿وَمِنْهُم مَّنْ عَاهَدَ اللّهَ ...﴾ إلى آخره [التوبة: ٧٥].روي أن ثعلبة بن حاطب قال لرسول الله: ادع الله أن يرزقني مالاً. فقال: يا ثعلبة قليل يكفيك خير من كثير يغريك. فراجعه فقال: والذي بعثك بالحق بشيرا ونذيرا لئن أعطاني الله مالاً لأعطين كل ذي حق حقه، فدعا له فاتخذ غنماً، فنمت كما ينمو الدود حتى ضاقت بها المدينة، فنزل وادياً، وانقطع عن الجماعة في الجمعة. فسأل عنه النبي عليه السلام، فقيل له: كثر ماله حتى لا يسعه واد، فقال: يا ويح ثعلبة. فبعث الرسول مصدّقين لأخذ الصدقات فاستقبلهم الناس بصدقاتهم، ومرّا بثعلبة فسألاه الصدقة وأقرآه كتاب رسول الله ﷺ الذي فيه الفرائض، فقال: ما هذه إلا جزية، ما هذه إلا أخت الجزية، وقال: ارجعا حتى أرى رأيي. فلما

---

(١٢٣) ما يميّز: ما يميّزه من غيره، أ.

(١٢٤) ما الاقتصاد في الاعتقاد: ما الاعتقاد في الاقتصاد، أ ب .

(١٢٥) باختفاء: بإخفاء، أ.

فإن قال قائل: ما الدليل على فرضية هذه الجملة؟ فقل: قول الله تعالى: ﴿فَآمِنُوا بِاللَّهِ وَرَسُولِهِ وَالنُّورِ الَّذِي أَنزَلْنَا وَاللَّهُ بِمَا تَعْمَلُونَ خَبِيرٌ﴾ [التغابن:٠٨]. ومن السنة: ما روي عن علي بن أبي طالب عن النبي عليه السلام أنه قال:«لا يؤمن عبد حتى يؤمن بأربع: شهادة أن لا إله إلا الله، وأني رسول الله، وأنه بعثني بالحق والبعث بعد الموت والقدر»، وهذه الدعوة هي التي يدعو إليها كل نبي مرسل، وهي فرض على كل مكلف، وهي الجملة التي انتظمت التوحيد وغير التوحيد، فإذا أتى العبد بهذه الجمل(١٢١) الثلاث نطقا واعتقاداً أصبح مؤمناً.

وفي بعض آثار أصحابنا رحمهم الله قال:"والايمان بجملة التوحيد إيمان بتفسيره، والإيمان بتفسيره إيمان بجملته، والكفر بجملته كفر بتفسيره، والكفرُ بتفسيره كفرٌ بجملته، قال: والتفسير لا يكون عند من لم يكن عنده جملة التوحيد، وتكون الجملة عند من لم يكن عنده بعض التفسير، ولا تصح جملة التوحيد لمن لم يكن له ما لا يسع جهله من تفسير جملة التوحيد، وتفسير جملة التوحيد داخل في جملة التوحيد، ولا يقال: جملة التوحيد داخلة في تفسيره فافهم ذلك." انتهى.

قوله رحمه الله:**ولا تصح جملة التوحيد**(١٢٢)، وذلك أن تفسير الجملة منه ما يسع جهله، ومنه ما لا يسع جهله، فالواجب على الإنسان أن يعلم الجملة وتفسيرها الذي لا يسع جهله، ومن أراد ذلك فعليه بالعقيدة الموضوعة لذلك المنسوبة إلى الشيخ أبي زيد عبد الرحمن بن سليمان الزواري رحمه الله ورضي عنه، فإن معرفة ذلك واجب عليه، ولا يكون مسلماً إلا بمعرفته، وإن جهله كان غير مسلم، فتدبر ما قلنا، وبالله التوفيق. وفي بعض الآثار قال:"من علمنا منه أنه عالم بالله، وعارف بمحمد، وعارف بما جاء به محمد، نتولاه إذا كان في دار الظهور، وإذا كان في دار ظهر فيها الضلال فلا نتولاه حتى نعلم منه ثلاثاً أخرى مع الثلاثة الأولى: كفر المستحلين والولاية للمسلمين على ذلك، والبراءة ممن خالف ذلك، فمن علمنا منه ذلك توليناه ما لم يقع حدث يزيل عنه اسم الإيمان قولا أو فعلا." انتهى، والله أعلم.

قوله رحمه الله:**وإثبات هذا إلى آخره** يعني، العلم لما لا يسع الناس جهله مثل معرفة التوحيد، ومعرفة الشرك، وما أشبه ذلك من المعارف، وأما الذي لا يسع الناس تركه فهو العمل بالفرائض في الحال المضيّق، وأما الذي لا يسع الناس فعله فهو المعاصي كلها، وهو جميع ما نهى الله عنه ويسمون هذه

(١٢١) جمل: الجمل، أ.

(١٢٢) +: إلى، أ ب.

فيحاسب على النقير والفتيل والقطمير. وفي الحديث:«يسأل العبد يوم القيامة عن أربع خصال: عن عمره فيما أفناه، وعن شبابه فيما أبلاه، وعن ماله من أين جمعه وفيما أنفقه، وعن ماذا عمل فيما علم».

وظاهر كلامه بل صريحه أن الملائكة والأنبياء عليهم السلام والمشركين أيضاً يحاسبون ويسألون، لأنه قال: يحاسب جميع المكلفين، وهذا ظاهر. وقد رأينا في آثار غيرنا أنهم لا يحاسبون أعني الأنبياء والمشركين، فالأنبياء إلى الجنة وبغير حساب، والمشركون إلى النار بغير حساب، ولم نَرَ في الملائكة شيئاً، والله أعلم.

قوله:**والجنة**، يعني أن يعلم أنها ثواب الله لأوليائه وأهل طاعته في الآخرة، لا انقطاع لدوامها، وأنها كائنة لا محالة، وأن هذا الثواب لا يشبهه ثواب الدنيا في ثلاثة أوجه: لا ينقطع، ولا يقوم عليه الألم، وجوارح أهله مصلية بالنعمة والراحة يتنعمون فيها، جعلنا الله منهم. ثم قيل عن بعضهم: أنه لا بد أن يعلم أنها قصور وأنهار وبساتين، لأنهم قالوا: لا يعرف الأشياء من لا يعرف حقائقها، والله أعلم. وليس على العبد أن يعلم أن الجنة موجودة اليوم، وإنما عليه أن يعتقد وجودها ودوامها، قال الله تعالى: ﴿أُكُلُهَا دَآئِمٌ وِظِلُّهَا﴾ [الرعد:٣٥]،وقال في أصحابها: ﴿إِخْوَانًا عَلَى سُرُرٍ مُّتَقَابِلِينَ۝ لاَ يَمَسُّهُمْ فِيهَا نَصَبٌ وَمَا هُم مِّنْهَا بِمُخْرَجِينَ﴾ [الحجر:٤٧-٤٨] الآية ﴿فِي ظِلَالٍ عَلَى الْأَرَائِكِ مُتَّكِؤُونَ۝لَهُمْ فِيهَا فَاكِهَةٌ وَلَهُم مَّا يَدَّعُونَ﴾ [يس:٥٦-٥٧]، ﴿وَفِيهَا مَا تَشْتَهِيهِ الْأَنفُسُ وَتَلَذُّ الْأَعْيُنُ﴾ [الزخرف:٧١]،«ما لا عين رأت، ولا أذن سمعت، ولا خطر على قلب بشر»، جعلنا الله من أهلها وسكانها، وبالله التوفيق.

قوله:**والنار**، يعني أن يعلم أنها عقاب الله لأعدائه وأهل معاصيه في الآخرة، لا انقطاع لدوامها، وأنها كائنة لا محالة، وأن هذا العقاب لا يشبه عقاب الدنيا في ثلاثة أوجه: لا ينقطع، ولا تقوم عليه الراحة، وجوارح أهله مصلية بالعذاب الأليم،وقيل عن بعضهم: أنه لا بد أن يعلم أن النار سوداء مظلمة، لا يطفأ لهبها، ولا يخمد جمرها، وقودها الناس والحجارة، عليها ملائكة غلاظ شداد، أعدت للمنافقين والمشركين ﴿تلفح وجوههم النار وهم فيها كالحون[المؤمنون: ١٠٤] سرابيلهم من قطران يصب من فوق رؤوسهم الحميم يصهر به ما في بطونهم والجلود ولهم مقامع من حديد﴾ الآية ﴿فِي الْحَمِيمِ ثُمَّ فِي النَّارِ يُسْجَرُونَ﴾ [غافر: ٧١] الآية.﴿لَا يُقْضَى عَلَيْهِمْ فَيَمُوتُوا وَلَا يُخَفَّفُ عَنْهُم مِّنْ عَذَابِهَا﴾ [فاطر:٣٦]الآية.﴿لَا يُفَتَّرُ عَنْهُمْ وَهُمْ فِيهِ مُبْلِسُونَ﴾ [الزخرف:٧٥]، ولا يموتون ولا يخرجون خالدين فيها أبدا ولهم عذاب مقيم أعاذنا الله من ذلك كله.

فأخبر تعالى أن الذي أنشأهم من ماء مهين بعد أن لم يكونوا شيئاً مذكوراً قادر أن يعيدهم خلقاً جديداً لأن الإعادة مثل الإيجاد أول مرة، وحُكمُ الشيء حُكمُ مثله، فبطلت الشبهة.

وأشار إلى جواب تمسكهم الأول في ذلك أعني اختلاط الأجزاء بقوله:﴿وَهُوَ بِكُلِّ خَلْقٍ عَلِيمٌ﴾ [يس:٧٩]، فيمكنه تمييز أجزاء الأبدان والأعضاء.

وأشار إلى جواب تمسكهم الثاني أعني يبوسة الأجزاء الرميمة بقوله: ﴿الَّذِي جَعَلَ لَكُم مِّنَ الشَّجَرِ الْأَخْضَرِ نَارًا فَإِذَا أَنتُم مِّنْهُ تُوقِدُونَ﴾ [يس:٨٠]، فأجاب بأنه جعل النار في الشجر الأخضر مع ما بينهما من المضادة الظاهرة، فلأن يقدر على إيجاد الحياة في العظام الرميمة اليابسة أولى، لأن المضادة أدل. وقال محتجا عليهم في إنكارهم خلق الآخرة، وأن فيها سماء وأرضا ﴿أَوَلَيْسَ الَّذِي خَلَقَ...﴾ [يس:٨١] الآية، فاحتج عليهم بأن المنكر لما سلّم بكونه(١١٩) تعالى خالقاً لهذه السموات والأرض لزم أن يسلم بكونه(١٢٠) قادراً على إيجاد عالم آخر، لأن القادر على شيء قادر لا محالة على مثله،والآي في هذه كثيرة كقوله ﴿يَا أَيُّهَا النَّاسُ إِن كُنتُمْ فِي رَيْبٍ مِّنَ الْبَعْثِ﴾ [الحج:٠٥]، أي: في شك من البعث ﴿فَإِنَّا خَلَقْنَاكُم مِّن تُرَابٍ ثُمَّ مِن نُّطْفَةٍ﴾ [الحج:٠٥] الآية كلها، فاحتج عليهم بأن الذي نقل هذا الخلق من ضرب هذه المعاني حتى أخرجه منها ناطقاً سميعاً بصيراً حياً يقدر على إعادة ذلك.وقوله: ﴿وَتَرَى الْأَرْضَ هَامِدَةً﴾ إلى قوله: ﴿ذَلِكَ بِأَنَّ اللَّهَ هُوَ الْحَقُّ وَأَنَّهُ يُحْيِي الْمَوْتَى وَأَنَّهُ عَلَى كُلِّ شَيْءٍ قَدِيرٌ﴾ [الحج:٥-٦]،فعلى العاقل أن يتيقّن أن المكلفين جميعا يحيون بعد الموت، ولا يخالجه في ذلك شك، فالحذر الحذر من وساوس الشيطان وهمزاته.

قوله:**والحساب يعني بعد البعث**، قال في العقيدة:"وعليه أن يعلم أن الله يحاسب جميع المكلفين، ومعنى حسابهم تقدير أعمالهم" انتهى. يعني: وليس حسابه للعباد يومئذ كحساب الخلق بعضهم بعضاً، وإنما حسابه فصل وتمييز لا يشغله حساب أحد عن أحد، كما لا يشغله رزق واحد عن واحد. وقيل لعلي بن أبي طالب: كيف يحاسب الله الناس على كثرة عددهم؟ فقال: كما يرزقهم على كثرة عددهم.

فقوله:**يحاسب جميع المكلفين**، يعني فأما المؤمن منهم فيحاسب حسابا يسيراً وينقلب إلى أهله مسرورا، وأما الكافر فيناقش في الحساب والمسألة بمعنى يستقصي في حسابه ومساءلته إلزاماً للحجة، وقطعا للمعاذير،

---

(١١٩) بكونه: كونه، أ ب.

(١٢٠) بكونه: كونه، ب.

ثم نرجع إلى ما قصدنا شرحه من كلام المصنف رحمه الله قوله: من الموت، قال صاحب العقيدة رحمه الله:"وعليه يعني على[١١٤] المكلف أن يعلم أن المكلفين جميعا يذوقون الموت ويتحولون من منزلة التكليف إلى غيرها" انتهى. ويعني بالمكلفين[١١٥] الإنس والجن والملائكة لأنهم هم الملزومون بطاعة الله وعبادته المأمورون بها، وغيرهم من الخلق ليس بمكلف، فيجب علينا أن نعلم أن كل من كلّفه الله طاعته في الدنيا سيموت، وينتقل من دار التكليف وهي الدنيا إلى دار أخرى ليس فيها تكليف ولا عمل، بل فيها جزاء ما عمل في دار العمل، ودليل خطابه[١١٦] رحمه الله: أن غير المكلفين وإن كانوا يموتون فليس موتهم مما لا يسع جهله، والله أعلم.

وقال صاحب القواعد:"ومما يجب على كل مكلف في الاعتقاد أن ورود الموت حق على كل العباد من ساكن السموات والأرض وما بينهما، من رفع وخفض، وأن كل نفس ذائقة الموت، وسالكة سبيل الموت، وأن الفناء جارٍ على أهل الأرض ومن عليها، وعلى من في السماء من سكانها كل حي يموت إلا الحي القيوم الذي لا تأخذه سنة ولا نوم، كل شيء هالك إلا وجهه، والله أعلم.

قوله:**والبعث يعني بعد الموت**، وفي الصحاح[١١٧]: وبعث الموتى نشرهُم، ونشر الميتُ فهو ناشر عاش بعد الموت، ومنه يوم النشور، وأنشره الله أحياه إلخ. والمراد أنه يجب علينا أن نعلم أن الله يبعث المكلفين من قبورهم كأنهم جراد منتشر، مبعوثون ليوم عظيم، وقد احتج الله على من أنكر البعث[١١٨] بقوله:﴿أَوَلَمْ يَرَ الْإِنسَانُ...﴾ [يس:٧٧]إلى آخر السورة، وذلك أن المنكرين للإعادة لهم شبهة في كون العظام رميمة، فقالوا: لا يمكن إعادتها وإحياؤها، وتمسكهم بذلك من وجهين، الأول: لاختلاط أجزاء الأبدان والأعضاء بعضها ببعض، فكيف يميز أجزاء بدن عن أجزاء بدن آخر، وأجزاء عضو عن أجزاء سائر الأعضاء، حتى يتصور الإعادة.الثاني: أن الأجزاء الرميمة يابسة جداً مع أن الحياة تستدعي رطوبة الجسد أي البدن، فاحتج عليها سبحانه في صحة الإعادة بقوله: ﴿قُلْ يُحْيِيهَا الَّذِي أَنشَأَهَا أَوَّلَ مَرَّةٍ﴾ [يس:٧٩]،

---

(١١٤) على: عن، أ ب.

(١١٥) جميعا يذوقون الموت ويتحولون من منزلة التكليف إلى غيرها" انتهى. ويعني بالمكلفين: -، ب.

(١١٦) + (حاشية) ، أ: أي خطاب صاحب العقيدة المتقدم ذكره.

(١١٧) أنظر: الصحاح (نشر).

(١١٨) البعث: -، ب.

كثيرة، فمن أراد ذلك فعليه برسالة الشيخ الفاضل مصنف هذا الكتاب التي أرسلها إلى إخوانه جوابا عن مسائل ابن عمير دمره الله، فإنه أطال فيها الكشف والبحث، وبيان الحجج، والله الموفق للصواب.

ويجب عليك أيضا أن تعلم أن لله تعالى جملة كتب(١٠٩) أنزلها على رسله بواسطة الملائكة الكرام البررة الذين هم سفرةٌ بين الله وبين(١١٠) خلقه. وفي الأثر:أن عليك أن تقصد إلى القرآن،وتؤمن به خصوصاً،وتؤمن بغيره من الكتب عموماً قال الله تعالى: ﴿آمِنُواْ بِاللهِ وَرَسُولِهِ وَالْكِتَابِ الَّذِي نَزَّلَ عَلَى رَسُولِهِ وَالْكِتَابِ الَّذِيَ أَنزَلَ مِن قَبْلُ﴾ [النساء:١٣٦]، وقال تعالى: ﴿آمَنَ الرَّسُولُ بِمَا أُنزِلَ إِلَيْهِ مِن رَّبِّهِ﴾ إلى قوله:﴿وَمَلآئِكَتِهِ وَكُتُبِهِ وَرُسُلِهِ﴾ [البقرة:٢٨٥]، وكلها كلام الله ووحيه وتنزيله، وفعلٌ من أفعاله، وخلقٌ من خلقه. فقولنا: كلام الله نعني أنه هو الذي خلقها كلاماً مفهوماً مسموعاً بعد إذ لم تكن شيئاً، ولسنا نعني أنها معنىً قائمٌ بذاته فتكلم به على ما يُعقل من الكلام بالفم واللسان والشفتين لأنه لو كان كذلك لكان لكلامه مخرجٌ من جوف، وكان على ما يُعقل من ضيق الحلق به حتى يصير صوتاً، وكان يكون على ما يعقل في ابتدائه من المخلوقين حتى يكون يجافي جوف متكلم يخرجه من جوفه، ويجريه إياه إلى أعلى حلقه فيصوت به ثم يقطعه، تعالى الله عن ذلك. وإنما كان القرآن وغيره من الكتب كلامه، لأنه هو الذي أحدثه وخلقه كلاماً مسموعاً مفهوماً مقروءاًمتلواً ولم يل ذلك أحد غيره(١١١) ، ولم يسبقه أحد إلى جعله كذلك، وكل ذلك منه فعلٌ وخلقٌ، وجعل وإحداث وتدبير، وبالله التوفيق.

ويجب عليك أيضا معرفة ولاية المسلمين، وبراءة الكافرين، وسيأتي الكلام عليهما عند ذكر المصنف لهما،

ويجب عليك أيضا معرفة فرز ما بين الكبائر، والكلام عليه(١١٢) يأتي في موضعه.

ويجب عليك أيضاً معرفة كفر المستحلين لما حرم الله وضلال المصرّين على ما حرم الله، والراجعين عما(١١٣) علموه من دين الله، وكل ذلك سيأتي إن شاء الله في الموضع الذي يناسبه فهذا ما صح عندنا بوجوده في آثار أصحابنا رحمهم الله، ورضي عنهم.

---

(١٠٩) كتب: الكتاب، أ، الكتب، ب.

(١١٠) وبين: -، أ.

(١١١) + غير: غيره، أ.

(١١٢) عليها: عليه، أ.

(١١٣) عما: عن ما، أ ب.

وكذلك الآية والعلامة على هذا الحال إنما تعرف أنها حق من عند الله بعونه وتوفيقه، ومن لم يوفّقه ولم يعنه كذّب بها وزعم أنها سحر وباطل. ونقول: فلو كانت الرسالة تحتاج إلى آية وعلامة غيرها تعرف بها لكانت تلك الآية والعلامة أيضاً كذلك تحتاج إلى آية أخرى وعلامة تدل عليها، وتميزها من السحر والباطل الذي يعارض به الكاذبون المتقولون المدّعون على الله ما ليس لهم، وتلك العلامة أيضاً [تحتاج] لها علامة ولتلك أيضا علامة إلى ما لا نهاية له، وهذا معلوم البطلان. وفي بطلان أن تكون علامة إلا بعلامة بطلان الجميع(١٠٣). وفي جواز أن تكون علامة واحدة لا علامة لها تبين بها أنها علامة لله، فيقطع الله عذر الخلق بتلك العلامة، فلم لا يجوز أن يكون رسول الله حجة على خلقه، فيقطع الله به عذر الخلق بلا علامة يبيّن بها من غيره.

ما بين معرفة الرسالة ومعرفة العلامة فرقٌ(١٠٤) لأن كليهما(١٠٥) اكتساب لا اضطرار. فإن قيل: إن معرفة العلامة اضطرار لكونها خارقة للعادة، بخلاف الرسالة التي لا يدرى أصادقٌ من ادعاها أم كاذب؟ قلنا: لو كانت معرفتها اضطراراً لكان لم يجز أن يتفاضل الناس في معرفتها، لأن معرفة الاضطرار لا تفاضلَ بين العباد فيها، إذ العلم الضروري هو الذي يقهر النفس ويغلبها ولا تنفك عنه، ولا تجد نفسك إلا وأنت عالم به، كأن نفسك اضطرت إليه وأكرهت عليه، فلا تعذر نفسك إلا وأنت عالم به يقيناً لا شك فيه ولا مرية(١٠٦)، كما لا شك في أمك أنها أمك، ولا في والدك أنه والدك. والعلم الضروري ليس للنفس اختيار في تعلمه ولا في دفعه، فلو كانت معرفة العلامة اضطراراً لكان لا يجوز أن يعرفها أحد دون غيره ممن شاهدها ورآها عياناً، وقد وجدناها اختلفوا في معرفتها، فعرفها قوم وجهلها قوم، وشك فيها قوم، وأنكرها(١٠٧) قوم، فلا يجوز هذا كله في معرفة الاضطرار، فتبين بهذا(١٠٨) كله أن معرفة العلامة اكتساباً كمعرفة الرسالة، هذا هو الحق والمذهب عندنا وعند من وافقنا، والحجج في هذا

(١٠٣) الجميع: جميع، أ ب.

(١٠٤) فرق: فوق، أ.

(١٠٥) كليهما: كلاهما، أ ب.

(١٠٦) مرية: استمرارية، أ ب.

(١٠٧) وأنكرها: وأنكر فيها، ب.

(١٠٨) بهذا: هذا، أ.

وبين عباده، وقد تقدم معنى النبوة والرسالة، والفرق بينهما وتقدم أنهم معصومون من الكبائر، وأن ذنوبهم صغائر تكون منهم على الغفلة والنسيان لا على الخلاف والمعاندة، فليراجع. ولله سبحانه أن يبعث رسولاً من الإنس إلى الإنس، ومن الجن إلى الجن، ومن الإنس إلى الجن، ومن الملائكة إلى الإنس والجن، فيكون المبلغ لهم الأمور التي يحتاجون إليها فيقوم مقام النبيين من الآدميين على جهة ما أرسل جبريل إلى محمد عليهما السلام، ومن بعث إلى آدم إذ كان وحده إذ لم يكن من الإنس غيره وغير زوجته، كل ذلك لله تعالى وإن(٩٨) شاء بعث رسولاً من الملائكة، وإن شاء من الجن، وإن شاء من الإنس، كل ذلك له، وهو عدل وصواب إن(٩٩) فعله، أي ذلك صنع فهو جائز له أن يفعله، هذا هو مذهب أهل الحق والهدى، ولله سبحانه أيضاً أن يرسل رسله بالحق والصدق، وبذلك أرسلهم، وله أن يعطيهم آية وعلامة مثل آية موسى وعيسى وغيرهما إن شاء، وله أن يرسلهم برسالة بينة صادقة فيقطع بها عذر من أرسلوا إليه، ولا يعطيهم آية ولا علامة غير ما أرسلهم به من الحق والصدق، أي ما فعله فهو حكمة وعدل منه وصواب إن أعطاهم فبفضله ومنّه، وإن أمسكها فبعدله وحكمته، وليس لهم على الله أن يعطيهم ذلك إذ كانت منه منّاً وفضلا، ففضله يؤتيه من يشاء منهم، عدل(١٠٠) إن فعله وعدل إن لم يفعله. فليس من ذلك شيء بجورٍ ولا أمرٍ لازم لابد له من أن يفعله، بل إن شاء أعطى من يشاء من النبيين منهم من الآية والعلامات ما يشاء، ومن شاء بعثه برسالة صادقة، وليس معه غير ذلك، وكل ذلك لربنا تعالى. ولكنه(١٠١) تعالى لا يبعث رسولاً بلا بينة وهو الدعاء إلى دينه، يبين للناس ما فيه النجاة لهم إن قبلوه والسلامة،وإن لم يعطهم آية سوى ذلك كان ذلك، وقال الله تعالى مخبراً عن رسله قالوا: ﴿إِن نَّحْنُ إِلاَّ بَشَرٌ مِّثْلُكُمْ وَلَـكِنَّ اللّهَ يَمُنُّ عَلَى مَن يَشَاء مِنْ عِبَادِهِ وَمَا كَانَ لَنَا أَن نَّأْتِيَكُم بِسُلْطَانٍ إِلاَّ بِإِذْنِ اللّهِ﴾ [إبراهيم:١١]، وقوله: ﴿رَبُّنَا يَعْلَمُ إِنَّا إِلَيْكُمْ لَمُرْسَلُونَ﴾ [يس:١٦]، فاحتجوا بعلم الله بهم أنهم مرسلون من عنده بالحق والصدق، فمن وفقه الله وأيده وسدّده وأعانه قبل ما جاءت به الرسل والأنبياء، وما دعت إليه من دين الله، ومن لم يوفّقه الله وكله إلى نفسه فكذب(١٠٢) وجحد وأنكر وأبى

(٩٨) وإن: إن، أ ب.

(٩٩) إن: من، ب.

(١٠٠) عدل : وعدل، أ ب.

(١٠١) ولكنه: ولكن، أ ب.

(١٠٢) فكذب: كذّب، ب.

المصنف رحمه الله بقوله:"من الموت والبعث" ..إلخ يعني من معرفة الموت ومعرفة البعث ومعرفة الحساب ومعرفة الجنة ومعرفة النار، كما هو نص العقيدة الموضوعة فيما لا يسع الناس جهله، لأن النبي عليه السلام إنما جاء بالخبر عن هذه الأشياء وبفرض معرفتها لا بها بأعيانها كما هو معلوم، ولعل المصنف إنما ذكر هذه(٩٦) الأشياء من التفسير لينبّه بها على أن من التفسير ما لا يسع جهله، ولا تغني عنه الجملة كما قيل في أثر لأصحابنا، ولا تصح جملة التوحيد لمن لم يكن عنده ما لا يسع جهله من تفسير جملة التوحيد، ولو قال بعد ذكرها: وغير ذلك لكان أظهر، إلا أن مفهوم العدد لا يفيد الحصر كما هو معلوم فلا إشكال، والله أعلم وسيأتي الكلام على هذه الخصال أعني قوله: الموت والبعث إلخ... في موضعه من كلامه رحمه الله ورضي عنه.

ويجب عليك أيضا أن تعلم أن لله جملة الملائكة، وأن وجودهم حق، وهم معصومون من جميع المعاصي، ﴿لَا يَعْصُونَ اللَّهَ مَا أَمَرَهُمْ وَيَفْعَلُونَ مَا يُؤْمَرُونَ﴾ [التحريم:٠٦]، مكلفون ملزومون مأمورون، مكتسبون يصلون ويصومون ويحجون، خلقوا للعبادة، ومصيرهم إلى السعادة، لا يوصفون بالتعب ولا بالشهرة، ولا بالذكورية ولا بالأنثوية، ولا بالجنون ولا بالطفولية، ولا باللحم ولا بالدم، ولا بالغائط ولا بالبول، ولا بالجوع ولا بالعطش، ومن وصفهم بشيء من هذا فقد أخطأ في صفتهم، وقد جعلوا الخطأ في صفة الملائكة شركاً لأنه جعل غير(٩٧) الملك ملكاً، والله أعلم.

وإنما توصف الملائكة بما وصفها الله في قوله ﴿جَاعِلِ الْمَلَائِكَةِ رُسُلًا أُولِي أَجْنِحَةٍ﴾ [فاطر:٠١] الآية، وما وصفهم به من العبادة والتسبيح، والاستغفار، والكلام، والرغبة في الطاعة، والاجتهاد في العبادة بلا تعب، ولا نصب والخوف، والرجاء، وغير ذلك مما يليق بهم من الصفات ولهم ثواب على عبادتهم وطاعتهم واصل إليهم، وهو ما يوافق طبائعهم، وقيل: الذي يوافقهم إيصال الهدايا إلى المسلمين، ومن قال ثوابهم الجنة فقد قيل كفر، وهم عندنا أفضل من الأنبياء عليهم السلام، ويجب علينا الإيمان بهم، وأن نتولاهم بالترحم دون الاستغفار، لأنه لا ذنب قِبلهم حتى يستغفر لهم، وقيل: يجب علينا معرفة جبريل منهم بعينه أنه رسول الله إلى رسله عليهم السلام، ونقصد إليهم بالولاية والله أعلم.

ويجب عليك أيضاً أن تعلم أن لله جملة الأنبياء والرسل لأن من جهل الأنبياء والرسل فقد جهل طريق الله دين الله إلى خلقه، لأنهم هم المؤدون عن الله، المبلغون عنه إلى خلقه، وهم السفراء بين الله

(٩٦) هذه: هاذه، أ.

(٩٧) غير: غنم، أ ب.

قلت: أفيجوز لهم أن يظنوا أنهم فعلوا ذنوبهم تعمُّداً منهم لها؟ قال: أما على جهة تعمدنا فلا يجوز للظانين أن يظنوا أن تعمدهم كما يكون من تعمدنا، وإن كان منهم تعمدٌ فعلى غير تعمدنا، ولا كما يكون منا.

قلت:أفيجوز للرجل أن يظن أن بعضهم قتل مؤمناً؟ قال: نعم، على غير الجهة التي يكون بها قاتل المؤمن كافرا، لأن المؤمن قد يقتل المؤمن والكافر(٩٢) خطأ" انتهى. وقال شارح العدل راوياً عن شيخه:"نحن لم نعتقد في رسول الله إلا خيرا، وننزهه عن القبائح، وارتكاب الكبائر، والشرك، والكفر، والنفاق، وسائر الأخلاق الكريهة، ولا يقع في الصغائر إلا غافلا أو ناسيا من غير تعمد، وكذا نعتقد في سائر الرسل والأنبياء قبل النبوة وبعدها، ولا نقطع فيهم قبل النبوة بشيء، إذ ذاك أمر مجهول عندنا لم ترد فيه من البراهين السمعية أثر تقطع به في القرآن ولا في السنة" الخ.

فقوله:"**ولا نقطع فيهم**" إلخ...، يريد من أنهم متعبدون قبل النبوة أم لا؟ وهل يسوغ أن يتعبدوا أم لا؟، لأنه اختلف في ذلك، قال بعضهم: تعبدوا، وقال بعضهم: لم يتعبدوا، ولكن لو تعبدوا لكان سائغا، وقال بعض: لم يتعبدوا، ولا يجوز أن يتعبدوا بل ذلك مستحيل. وقد نسب(٩٣) هذا القول إلى المعتزلة ونسب(٩٤) الأوّلان إلى الحشوية، وأما اعتقاد أئمتنا فهو ما ذكره عن شيخه، والله أعلم.

ويجب عليك أيضاً أن تعلم [أن] دمه صلى الله عليه وسلم حرام، وانظر هل اختلف فيما يجب على العباد أن يعتقدوه في تحريم دمه عليه السلام؟ فقيل: هو خروج الروح، وقيل: ما قام عند الموت، كما قاله في القواعد في تحريم دماء المسلمين أم لا، فالله أعلم بذلك فهذا ما لا يسع جهله من معرفة محمد عليه السلام.

ويجب عليك أن تعلم أنه صلى الله عليه وسلم رجل ذكر ليس بامرأة ولا أنثى ولا خنثى، وأنه آدمي من الإنس لا من الجن ولا من الملائكة عليهم السلام. وفي أثر لأصحابنا قلت:"فما تقول فيمن لم يدر لعله من الملائكة أو من الجن؟ قال: لا يسعه لأن هذا بمنزلة من لم يدر أرجل هو أو امرأة. قال: ولا يطلب(٩٥) إليه العلم بأنه من الإنس في الجملة"، وأما الذي لا يسع جهله مما جاء به الرسل من عند الله فعندما ذكره

(٩٢) والكافر: كافر، أ ب.

(٩٣) نسب: كتب، أ ب.

(٩٤) كتب: نسب، أ.

(٩٥) يطلب: يغلب، أ ب.

ويجب عليك أيضاً أن تعلم أنه معصوم من الكبائر، أي[٨٦]: ممنوع لا يجوز في حقه فعلُ الكبائر، بل ذلك مستحيل عنه، لأن الأنبياء صلوات الله عليهم هم المصطفون الأخيار، والأتقياء الأبرار، والمصطفى هو الذي يعلم الله أنه لا تكون منه معصية كبيرة أبدا قال الله تعالى: ﴿اللَّهُ أَعْلَمُ حَيْثُ يَجْعَلُ رِسَالَتَهُ﴾ [الأنعام:١٢٤]. ولو كان في ملائكته ورسله من يعمل بالكبائر التي هي كفرٌ وفسقٌ لكان لا يحسن أن يختار تعالى الله عن ذلك علواً كبيراً.

قال المصنف رحمه الله في ردوده:"**وإنما يذنب من يذنب منهم على الإغفال والزلل والنسيان، ثم يتدارك نفسه فيتوب الله عليه، وكان الله توابا رحيما**" انتهى. وحكى عنه أي عن المصنف،وأحمد بن الحسين في كتابه أنه قال هو وجماعة الإباضية والمعتزلة:"**الأنبياء يذنبون صغائر ليست بكبائر، لا يقصدون بذنوبهم إلى خلاف الله، وإلى معاندته[٨٧]، فالأنبياء يجوز أن يذنبوا إلا أن معاصيهم لا تبلغ بهم الأقدار التي يسخط الله بها على عباده، وليس معاصيهم بالقصد إلى معاندة الله وخلافه، ولكن على أنه يكون الداعي لهم إلى فعلهم ضرباً[٨٨] من أمور الله يريدونه، فيكون شاغلاً لهم حتى يواقعوا الذنب، ثم يتولى الله لهم التنبيه بالتذكير عند النسيان، والانتباه عند الغفلة**" انتهى.

وفي كتب لأصحابنا رحمهم الله: "قلت: فهل يجوز أن يظن أن معصية داوود عليه السلام كانت نظرة[٨٩] [٩٠]؟ قال: نعم على غير جهة نظرتنا. قلت: فلم لا يجوز لنا أن نظن أنها مثل نظرتنا إذ لم نعلم أنها كبيرة عند الله؟ قال: لو جاز أن نظن أنها مثل نظرتنا لجاز أن نظن بالنبي عليه السلام أنه يعمل كبيرة ولم تُعلم، بل على الناس أن يعلموا أن ذنوبهم لا تكون على جهة ذنوبنا[٩١]، لأنا لا ندري لعل ذنوبنا على جهة ما نفعلها غير صغيرة عند الله.

---

(٨٦) أن: أي، أ.

(٨٧) معاندته: معاقداته، أ ب.

(٨٨) ضربا: ضرب، أ ب.

(٨٩) ناجرة: نظرة، أ.

(٩٠) +:(حاشية) ، أ. أي: عيبا وإساءة.

(٩١) جهة ذنوبهم: على جهة ذنوبنا، أ.

إن(٨٤) قصّرت عن تبليغ شيء من رسالات ربي يعني [فقولوا]: نشهد أنك بلغت رسالات ربك، وقضيت الذي عليك» انتهى. غايته: أن الإيمان بمحمد فرض مضيق لا يسع جهله كل بالغ صحيح العقل، سواء كان كافرا أو مؤمنا لقي محمداً أو لم يلقه، سمع بدعوته أو لم يسمع، لأن الله بعث في الأمم الماضية رسلاًمبلغين عنه، وألزم الناس أن يؤمنوا بهم، وبما جاءوا به لقوله تعالى: ﴿رُّسُلاً مُّبَشِّرِينَ وَمُنذِرِينَ﴾ الآية. وقال: ﴿وَإِن مِّنْ أُمَّةٍ إِلَّا خلَا فِيهَا نَذِيرٌ﴾ [فاطر:٢٤]، وقال: ﴿كُلَّمَا أُلْقِيَ فِيهَا فَوْجٌ سَأَلَهُمْ خَزَنَتُهَا أَلَمْ يَأْتِكُمْ نَذِيرٌ﴾ [الملك:٨]الآية.

قال المصنف في بعض آثاره:"**وليس من أمة إلا ولله عليها حجة بنذيرهم، يخبرهم بما جاء من عند الله**" انتهى. وقد بين الله في كتب هؤلاء الأنبياء إرسال محمد وفرضه عليهم، وأخبر أنه سيأتي من بعد عيسى عليه السلام، فمن يؤمن بأولئك النبيين وبما جاءوا به فهو مؤمن بمحمد، ومن كفر بهم فقد كفر بمحمد، وكذلك من كفر بمحمد فقد كفر بأولئك النبيين، لأن الإيمان بمحمد مما جاء به النبيئون، فمن كفر بما جاء به النبيئون أو ببعضه فقد كفر بهم، وصورته أن عيسى عليه السلام من جملة ما جاء به أن محمدا رسول الله، كما أخبر الله عنه في قوله: ﴿إِنِّي رَسُولُ اللَّهِ إِلَيْكُم مُّصَدِّقًا لِّمَا بَيْنَ يَدَيَّ مِنَ التَّوْرَاةِ وَمُبَشِّرًا بِرَسُولٍ يَأْتِي مِن بَعْدِي اسْمُهُ أَحْمَدُ﴾ [الصف:٠٦]، فمن آمن بعيسى وما جاء به فهو مؤمن بمحمد وإن لم يسمع بدعوته، لأن رسالة محمد من جملة ما جاء به عيسى، ومن كفر بعيسى وبما جاء به فقد كفر بمحمد وإن لم يسمع بدعوته، وكذلك من كفر بمحمد فقد كفر بعيسى وبما جاء به، لأن عيسى جاء برسالة محمد صلى الله عليه وسلّم، قال المصنف رحمه الله في رسالته التي هي جواب عن مسائل ابن عمير(٨٥):"وأما من كان مسلما على دين نبي من الأنبياء مؤمناً بما جاء به فهو مؤمن برسالة محمد مسلم، لا تلزمه مع ذلك حجة محمد حتى يأتيه البلاغة والبينات عن محمد، وعن أهل دين محمد في تفسير دين محمد، فليس لأحد أن يجحد محمداً لقيه أو لم يلقه لما عليه في ذلك من الحجة المقدمة من النبي الذي أتاهم من قبل محمد ﷺ. وقال أيضاً في رسالة أخرى له بعد كلام طويل:فكل من كان مسلماً على دين نبي من الأنبياء فهو مؤمن بمحمد وعلى دين محمد حتى يأتيه السماع والبيان فيما أحدث الله بعد الذي يدخل فيه، وكان به مسلما إلخ". وقد بيّن رحمه الله هذه المسألة في هاتين الرسالتين بياناً شافياً مقنعا كافيا وأطال فيها الكلام فليراجع، والله أعلم.

---

(٨٤) إن: أني، أ ب.

(٨٥) عمير: عمي، أ ب.

أسمائه، لأن هذا الاسم هو المشهور الذي ظهرت به أحكامنا، وبه تثبت معرفة محمد، وبه ندعو في دارنا إلى معرفة محمد صلى الله عليه وسلّم.

والذي يؤخذ من كلام أصحابنا رحمهم الله أن هذا الاسم نعني محمداً تجب معرفته، وتجزي عن معرفة غيره من أسمائه، وأما غيره من أسمائه فيسع جهلها، ولا تجزي معرفة شيء منها عن معرفة هذا الاسم. فمن قال مثلاً: أنا أعرف أن محمداً رسول الله، ولكني لا أعرف أن أحمد رسول الله، فقد ثبتت له معرفة محمد، وأما من قال: أنا أعرف أن أحمد رسول الله، ولكني لا أعرف أن محمداً رسول الله فليس بعارف بمحمدصلى الله عليه وسلّم، كما هو نص في بعض آثار أصحابنا. وإنما منعني من نقله هنا كونه فيه سقط وإخلال في النسخة. والمفهوم المأخوذ منه ما ذكرته، والله أعلم.

ويجب عليك أيضا: أن تعلم أنه صلى الله عليه و سلّم مات، وأن ما في يده من الشريعة والعلم والحلال والحرام والفرائض التي هو عليها لا ينسخ، وأن حلال الله حلال إلى يوم القيامة، وحرامه حرامٌ إلى يوم القيامة. وفي آثار أصحابنا وأظنه المصنف رحمهم الله "قلت:أفيجوز للرجل لا يدري لعل النبي لم يمت؟ قال: لا يكون إذًا على ثقة من العلم الذي في يده، والشرائع التي هو عليها أنها لا تُنسخ.

قلت: فما تقول فيه إن قال: قد علمت ما أنا عليه من الحرام والحلال لا يتغير عن حاله؟ قال: الله أعلم إذا كان على عهد الحلال ما لم ينقض عهده." انتهى. فظاهره أنه قطع عذره في الوجه الأول أعني إن جهل موت محمد، ولم يعلم أن الشريعة التي هو عليها لا تتغير كما صرح بذلك في أثر له غير هذا أنه كافر ووقف فيه على الوجه الثاني، أعني إن جهل موت محمد مع يقينه أن ما هو عليه من الشرائع لا ينسخ كما حكى عنه في بعض الكتب، قال: وقف فيه ابن يزيد الفزاري رحمه الله ورضي عنه.

ويجب عليك أيضا: أن تعلم أنه صلى الله عليه وسلّم لا يخون ربه فيما ائتمنه عليه وقد بلّغ ما أُمر به من الأمر والنهي من غير خيانة ولا تقصير في شيء، من ذلك لقوله ﴿فَتَوَلَّ عَنْهُمْ فَمَا أَنتَ بِمَلُومٍ﴾ [الذاريات:٥٤]، بعد قوله ﴿يَا أَيُّهَا الرَّسُولُ بَلِّغْ مَا أُنزِلَ إِلَيْكَ مِن رَّبِّكَ﴾ [المائدة:٦٧] الآية.

وروي عن عائشة أم المؤمنين:«من زعم أن محمدا لم يبلّغ ما أنزل إليه من ربه فقد عظم على الله الفرية»، لأن الله يقول:﴿يَا أَيُّهَا الرَّسُولُ بَلِّغْ﴾ الآية. ورواية أخرى عنها أيضاً: «من حدّثك أن النبي عليه السلام كتم شيئا من الوحي فلا تصدّقه إن الله يقول:﴿يَا أَيُّهَا الرَّسُولُ بَلِّغْ مَا أُنزِلَ إِلَيْكَ﴾ الآية. «وبلغنا أن النبي عليه السلام قام خاطبا فقال في خطبته: إنما أنا بشر رسول، فأذكركم بالله إن كنتم تعلمون

ويجب عليك أيضاً أن تعلم أنه تعالى له في خلقه ما يشاء يخلق منهم من شاء، على ما شاء، ويبتلي من شاءبما شاء، ويعطي ويمنع من شاء ما شاء، لا يسمى شيء من أفعاله جوراً ولا ظلماً، قال المصنف في بعض آثاره(٧٥):" قد كان يعني الله لو شاء ألاّ يخلق الخلق(٧٦)وقد(٧٧) كان له أن يخلقهم على غير ما خلقهم عليه، ولو جعل الحسن قبيحاً والقبيح حسناً والأعمى بصيراً، والبصير أعمى، ولو خلق الإنسان بغير سمع ولا بصر ولا يد ولا رجل لم يكن منه جوراً بل كان عدلاً، لأنه ليس لجميع الخلق على الله أن يخلقهم بدءاً(٧٨)، ولا إذ خلقهم أن يجعل لهم سمعا ولا بصراً ولا يداً ولا رجلاً، وكذلك إذا سلبهم الله شيئا من جوارحهم بعد إذ صنعه، وكذلك الأمراض والأسقام يسقم الله من يشاء من الخلق كالأطفال(٧٩) وغيرهم(٨٠) من البهائم التي لم تؤمر ولم تنه(٨١)، وليس لهم على الله أن يصحهم، كما أنه لو ابتدأهم على السقم ولم يجعلهم أصحاء كان ذلك عدلاً عليهم غير ظلم(٨٢) لأنه ليس لجميع الخلق على الله أن يخلقهم على غير ما خلقهم عليه، ولله أن يخلق خلقه على ما يشاء..." انتهى. وليس على الخلق لوم فيما يسلبهم الله ويضعهم، فإذا أخذ ما منحها وضع التكليف، فهذا الذي لا يسع جهله من معرفة الله سبحانه، وكله داخل في الجملة التي تقدم ذكرها.

وأما الذي لا يسع جهله من معرفة محمد صلى الله عليه وسلّم فهو أن تعلم أنه عبد الله ورسوله بعينه وباسمه ونسبه، وأنه خاتم النبيين، فأما معنى العبودية(٨٣) في حقه عليه السلام فقد تقدم ذكرها فليراجع، وكذلك الرسالة قدمنا الكلام فيها هناك، والواجب أن تعلم أن الله بعثه للناس كافة لقوله تعالى: ﴿وَمَا أَرْسَلْنَاكَ إِلَّا كَافَّةً لِّلنَّاسِ بَشِيرًا وَنَذِيرًا﴾ [سبأ:٢٨]، وأما قولنا: بعينه واسمه نعني به محمداً دون غيره من

(٧٥) + (حاشية)، أ: وهو كتاب القدر وله اسم آخر في بعض النسخ وهو باب التفاضل.

(٧٦) المخلوق: الخلق، أ.

(٧٧) وقد: قد، ب.

(٧٨) بدءا: بدياً، أ.

(٧٩) كالأطفال: -، ب.

(٨٠) يخرج: وغيرهم، أ.

(٨١) + (حاشية) ، أ. قوله: ولم تنه انظر من ذكر في تعذيب سليمان عليه السلام الهدهد لعله على قول من يقول: كلف الدواب قبل محمد عليه السلام. وقيل: كلفوا مطلقا. أبو صالح.

(٨٢) ظلم: ظالم، أ ب.

(٨٣) + (حاشية) أ: وهي بمعنى الخضوع والتذلل.

لا يدرك بالحواس ويجب عليك أن تعلم أنه إله معبود مستحق للعبادة لا يستحقها إلا هو، ولا إله إلا هو، وقد سبق شرح ذلك مستفيضاً في موضعه عند الكلام على الجملة الأولى، وهي شهادة أن لا إله إلا الله، وهناك تجده[٧٢] وبالله التوفيق.

ويجب عليك أيضا أن تعلم أن حجة الله بالغة لجميع العباد قال سبحانه ﴿قُلْ فَلِلَّهِ الْحُجَّةُ الْبَالِغَةُ﴾ [الأنعام:١٤٩]، وقال ﴿إِنَّ اللَّهَ بَالِـغُ أَمْرِهِ﴾ [الطلاق:٠٣]،لأن تقصير الحجة من الضعف، ومعنى ذلك أن الله قطع عذر كل بالغ صحيح العقل من عباده في جهله بما أسمعه إياهم فيما أنزل من كتبه، وأرسل من رسله، فلم يبق عذر لأحد منهم في جهله فليس منهم أحد إلا وقد وجب عليه أن يعرف الله ويطيعه ويقرّ به وحرم عليه[٧٣] جهله، والتكذيب به وعصيانه وجحده والشرك به والعبادة لغيره، لا عذر له في شيء من ذلك.

وفي أثر مشائخنا البرابر رحمهم الله ورضي الله عنهم أما أول الحجة إنشاء الله الخلق، وأما معناها: السمع، وأما غايتها: البلوغ، وأما مستقرها: العقول، وأما سببها: الكتب والرسل، ويجب عليك أيضاً أن تعلم أنه لا يحل به ما يحل بالمخلوقين[٧٤] من العيوب مثل النوم والسهو واللهو والعجز والجهل والصمم والعمى والاستكراه والحاجة والغلط والغفلة والنسيان وما أشبه ذلك تعالى الله عن ذلك كله، وسيأتي الكلام على معانيها في موضعه عند ذكر المصنف لها.

ويجب عليك أيضا أن تعلم أنه لا يثيب عباده إلا على شيء، وهو الأعمال الصالحة التي يطاع بها، ولا يعذب أحداً منهم إلا على شيء وهو الأعمال القبيحة التي يعصى بها ﴿لِيَجْزِيَ الَّذِينَ أَسَاؤُوا بِمَا عَمِلُوا وَيَجْزِيَ الَّذِينَ أَحْسَنُوا بِالْحُسْنَى﴾ [النجم:٣١]، لا يظلم أحداً فيعذبه على ما لم يفعل، فيكون معاقباً له بغير جرم، آخذاً له بغير حجة، تعالى عن ذلك. ولا يظلم أحداً فيترك ثوابه على عمله الصالح، أو ينقصه من ثواب علمه،﴿إِنَّ اللّهَ لاَ يَظْلِمُ مِثْقَالَ ذَرَّةٍ﴾ [النساء:٤٠]،﴿إِنَّ اللّهَ لاَ يَظْلِمُ النَّاسَ شَيْئًا﴾ [النساء:٤٤]،﴿وَمَا رَبُّكَ بِظَلَّامٍ لِّلْعَبِيدِ﴾ [فصلت:٤٦].

---

(٧٢) تجده: نجده، أ ب.

(٧٣) فليس منهم أحد إلا وقد وجب عليه أن يعرف الله ويطيعه ويقرّ به وحرم عليه: -، ب.

(٧٤) للمخلوقين: بالمخلوقين، أ.

اللتين تلاقيان في مقدم الدماغ ثم تفترقان، فتتأديان إلى العينين التي من جهة اليمين إلى العين اليمنى، والتي من جهة اليسار(٦٨) إلى العين اليسرى تدرك به الأضواء والألوان. وأما الشم: فهو قوة مودعة في العصبتين الزائدتين النائيتين في مقدم الدماغ، الشبيهتين بحلمة الثدي، تدرك به الروائح. وأما الذوق: فهو قوة منبثة في العصب المفروش على جرم اللسان، تدرك به الطعوم. أما اللمس: فهو قوة منبثة في جميع البدن، تدرك به الحرارة والبرودة والرطوبة واليبوسة ونحو ذلك. فنحن ندرك المخلوقات بهذه الحواس الخمس، فما من مخلوق إلا وهو يدرك بها، وذلك أن الخلق كله خمسة أصناف صنف من الأصوات وسبيله الذي به يدرك به الأسماع، وصنف منه الألوان وسبيله الذي يدرك به الأبصار، وصنف منه الروائح وسبيله الذي به يدرك الشم، وصنف منه الطعوم وسبيله الذي به يدرك الأذواق، وصنف منه الملموسات وسبيله الذي به يدرك اللمس، فكل المخلوقات تُدرك بهذه الحواس، وكل شيء منها يعرف سبيله. وأما الخالق سبحانه وتعالى فإنه لا يُدرك بشيء منها لأنه يتعالى عن ذلك إذ هي(٦٩) من صفات الخلق. وفي أثر لأصحابنا رحمهم الله ولعلّه للمصنف يقول فيه:"والله سبحانه ليس بلون فتدركه الأبصار فيوصف بما يوصف به الألوان ويتوهم كما يتوهم الألوان، ولا بجسمٍ ولا حر ولا برد ولا لين ولا خشونة فتلمسه الأيدي والأجساد، ولا يدرك بما يدرك به الأجسام من الحدود والأقطار، ولا هو يُطعم فتذوقه الألسنة والأفواه، ولا رائحة من الروائح الكريهة أو(٧٠) الطيبة من المسك وغيره فتدركه الأشمام، ولا بصوت فتسمعه الآذان، انقطع العلم بالله من ذلك إنما يعرف الله تعالى بأنه الخالق المؤثر للآثار الصانع لها." انتهى. والحاصل: أن الله تبارك وتعالى لا يُدرك بشيء من هذه الحواس لأنه ليس بشيء من المحسوسات التي تقدم ذكرها، وإنما ذلك سبيل معرفة الخلق بعضهم بعضا، وأما الله فإنما ندرك معرفته بالدلائل والعلامات الدالة على وجوده ووحدانيته، وتلك الدلائل والعلامات تدرك بالحواس(٧١) كالخبر عن الله مثلاً فإنه يدرك بحاسة السمع، وذلك الخبر دليل على الله يعرف به وذلك كمن سمع النبي أو غيره من المخبرين عن الله بالحق يخبر بوحدانيته وكونه واحدا ليس كمثله شيء فيدرك هذا الخبر سمعه ويعلم بأن الله سبحانه على ما دلّ عليه ذلك الخبر من أنه موجود واحد ليس كمثله شيء ونحو ذلك، فهذا معنى

---

(٦٨) اليسار: اليسرى، أ ب.

(٦٩) هي: هو، أ.

(٧٠) أو: و، ب.

(٧١) تدركها الحواس: تدرك بالحواس، أ.

وأفعال الله تعالى بخلاف هذه في جميع ذلك، وغيره من معانيها تعالى الله أن يشبهه خلقه في شيء من معانيهم، لأنه لو أشبه شيئا من الأشياء ولو في أقل قليل لدخل عليه العجز من تلك الصفة، فلهذا وجب على المكلف أن يعرف حقيقة الوحدانية لله تعالى، ويصفه بما يليق به من الصفات، وينفي منه شبه الأشياء من جميع الجهات، ويتيقن أن كل صفة يوصف بها الله فهي عن الخلق منفية، وكل صفة يوصف بها الخلق فهي عن الله منفية، ولولا كراهة التطويل والإكثار لأطلت الكلام هاهنا، لأن كثيرا من أهل زماننا يشبهون الله بخلقه من حيث لا يشعرون، فهم يقولون في الجملة ليس كمثل الله شيء، وإذا فتّشت عقائدهم وبحثت عنها وجدتهم يشبهونه(٦٥) بأعظم التشبيه، ويعتقدون أن فيه سبحانه ما ليس فيه، فيفسرون قولهم: ﴿ليس كمثله شيء﴾ على ما في الشاهد من الخلق، كما يقال: فلان لا شبيه له أي: في حسنه وجماله أو في كرمه أو شجاعته أو حسن خلقه، ونحو ذلك. فيزعمون أن الله تعالى ليس كمثله شيء في كونه قادرا غالبا قاهرا لجميع الخلق فقط، وإلا فهو مثلهم في غير ذلك من الصفات كما شاهدت ذلك من بعضهم، وذلك أني كنت يوما أتكلم في التوحيد، وحولي أناس يستمعون لكلامي، فقلت لهم: اعلموا أن الله ليس كمثله شيء ولا شبيه له، ولا مثيل ولا نظير. فقالوا: نعم كل ذلك حق، فأخذت أبين لهم في تفسير ذلك، فقلت: لا يوصف أنه إنسان ولا لحم ولا دم ولا رجل ولا امرأة ولا ذكر ولا أنثى، ونحو ذلك مما يكثر. فقال لي بعضهم: أذلك كما تقول؟ فقلت: نعم. فقال: والله ما كنت أظنه إلا رجلا من الناس، غلب جميع الخلق وقهرهم، فصاروا يعبدونه وهو في السماء له مكان فيها، فهو فيه جالس.فقلت: ويلك كفرت بالله كفراً عظيما، تب إلى الله من هذا، واعلم أن الله ليس على شيء من صفات الخلق. وأخذت أبين له حتى عرف ربه وتاب وأحسن، وكثير من خاصة أهل هذا الزمان على هذا ونحوه، فضلا عن عوامهم، أعاذنا الله من هذا البلاء العظيم. ولهذا أو نحوه قال رسول الله ﷺ: «الشرك في أمتي أخفى من دبيب النملة السوداء على الصخرة الصماء في الليلة الظلماء».

ويجب عليك أيضا أن تعلم أن الله لا يُدرك بالحواس، ومعنى ذلك: أن الله تعالى ركّب فينا حواس خمساً(٦٦)، وهي السمع والبصر والشم والذوق واللمس. فأما السمع: فهو قوة مودعة في العصب المغروس(٦٧) في مقعر الصمّاخ، تدرك به الأصوات. وأما البصر: فهو قوة مودعة في العصبتين المجوفتين

(٦٥) يشبهونه: يشبونها، أ ب.

(٦٦) خمسا: خمسة، أ.

(٦٧) المغروس: المفروش، أ ب.

وفي كتاب مفتاح الشريعة لأهل عمان:"الواحد في الحقيقة هو الذي لا ينقسم في وجود ولا في وهم، وهو المتفرد الذي لا ثاني له، والواحد أيضاً لا ثاني له من لفظة لا يقال(٦١) واحدان، وكذلك لا يشبهه شيء يكون له ثان، انتهى.

ويجب عليك أيضا أن تعلم أن ذلك الخالق ليس كمثله شيء في ذاته، ولا في صفاته، ولا في أفعاله. ومعنى ذلك: أن ذات الله سبحانه ليست كذوات المخلوقين الذين ذواتهم أجسام متحيزة منقسمة، ما والى منها المشرق غير ما والى منها المغرب، وما والى منها المغرب غير ما والى المشرق، وما والى منها الفوق غير ما والى منها(٦٢) التحت، وكذا في سائر الجهات الست، أو أعراض لا تقوم بنفسها، وهي ملازمة للفناء لا تبقى أكثر من حال، وكلها أعني ذوات المخلوقين لا تكون إلا بتحت يقلها، وفوق يظلها، ومكان يكنها، ونحو ذلك.

فذات الله تعالى ليست كهذه الذوات في شيء من معانيها، ولا تشبهها في شيء من جهاتها تعالى الله عن ذلك علواً كبيراً. فهذا ونحوه معنى كونه ليس كمثله شيء في ذاته، وأما(٦٣) كونه ليس كمثله شيء في صفاته، فمعناه: أن صفاته التي وصف بها عند أهل المعرفة به بخلاف صفات المخلوقين في جميع معانيها، وصفات المخلوقين كلها بخلاف صفاته في جميع معانيها، لأن صفاته تعالى كلها صفات كمالٍ وعظمة وجلال منزهة عن النقائص، مبرأة من العيوب والآفات. وصفات خلقه كلها صفات عجز وضعف، دالّة على كون المتصف بها محدثا مخلوقا، عاجزا ذليلا، مفتقرا محتاجا، فهذا ونحوه من معنى كونه ليس كمثله شيء في صفاته. وأما كونه ليس كمثله شيء في أفعاله، فمعناه: أن الله تعالى ليست أفعاله بآلات ولا معالجات، بخلاف الخلق لأنهم إنما يفعلون ما يفعلون بآلات يستعينون بها على ذلك، وكل أفعالهم (٦٤) بالمعالجات والسكون والحركات والتكلّف والتّعب والمشقة والاهتمام، وإنما يفعلونها لغرض من الأغراض من رجاء نفعٍ أو دفع ضرٍّ، أو تصدر منهم على جهة الاضطرار والغفلة والنسيان، ونحو ذلك.

(٦١) لا يقال: -، ب.

(٦٢) منها: -، أ.

(٦٣) وأما: وإنما، أ ب.

(٦٤) أفعالهم: وأفعاله، أ؛ أفعاله، ب.

أحد إلا بمعرفته، ومنه ما يسع جهله[٥٦] فنحتاج بعد بيان الجملة إلى بيان ما لا يسع جهله من التفسير، فنقول: اعلم أن القصد من هذا كله ثلاثة أشياء: معرفة الله، ومعرفة رسول الله صلى الله عليه وسلم، ومعرفة ما جاء به الرسول من عند الله. فأما معرفة الله فالذي لا يسع جهله منها أن تعلم أن لك خالقا خلقك بعد إذ لم تكن شيئا، وأن ذلك الخالق الذي خلقك وخلق كل شيء واحد، خلق جميع الأشياء كبيرها وصغيرها جليلها ودقيقها بعيدها وقريبها جليها وخفيها، السماوات والأرض وما فيهما وما بينهما، وما كان وما يكون وما سيكون فيهما وفي غيرهما من خير وشر ونفع وضر وربح وخسر وشأن وأمر، فالله هو الخالق لكل ذلك وهو المحدث له والصانع والمدبر له وحده لا شريك له فهو[٥٧] الخالق وحده وكل ما سواه مخلوق له، لا يستثنى من الأشياء شيء، فيقال: لم يخلقه تعالى عما قال أهل الضلال، وعما انطوت عليه أفئدة الجُهّال. ومعنى كونه واحدا أنه لا يتجزأ لا أنه كوحدانية هذا الخلق الذي يقال له واحد مجازا، وهو في الحقيقة ليس بواحد لأنه أجزاء متعددة كثيرة. وذلك أن الواحد يقال على وجهين: إما بالحقيقة وإما بالمجاز، فالواحد بالحقيقة هو الذي لا جزء له البتة، والواحد بالمجاز هو كل جملة يقال لها واحد، كما يقال: عشرة واحدة[٥٨]، ومائة واحدة[٥٩]، وألف واحد. ويقال: الخلق كله واحد، ونحو ذلك فالواحد على الحقيقة هو الله سبحانه، والواحد على المجاز غيره.

قال المصنف رحمه الله في بعض آثاره الشريفة: **والواحد الذي ليس باثنين لأنه ليس شيءٌ من الخلق بواحد، وإن كان واحدا لانفراده بنفسه، والبينونة من غيره إلا هو غير واحد من التجزئة والحدود والنواحي، لأنه ليس من الخلق إلا وله أعلى وأسفل ويمين وشمال وخلف، بعض ذلك غير بعض، أجزاء ونواحٍ[٦٠] مختلفة، محتاجة لقوام بعضها ببعض، لا يقوم بعضها إلا ببعض. كذلك طبعنا الله سبحانه وتعالى، وجعل الحركات متشابهات، فليس حركة إلا ولها معنى من الحركات، ولا يكون واحدا من كان له شبيه ونظير، والله واحد لا شبيه له ولا نظير. انتهى.**

---

(٥٦) +: ولا يسلم أحد إلا بمعرفته ومنه ما يسع جهله ، أ.

(٥٧) +: وشأن وأمر، فالله هو الخالق لكل ذلك وهو المحدث له والصانع والمدبر له وحده لا شريك له فهو ، أ.

(٥٨) واحدة: واحد، أ ب.

(٥٩) واحدة: واحد، ب.

(٦٠) نواح: نواحي، ب.

أنبياء، فإن التي هي في صدر الكلمة أكدت نسبة العبودية والرسالة لمحمد صلى الله عليه وسلم، ورفعت الشك عنها والإنكار لها، فلم يبق شك ولا إنكار في كون محمد عبدَ الله ورسوله صلى الله عليه وسلم، فهذا ما قصدنا من الكلام على هذه الكلمة وفيه كفاية.

وأما الكلمة الثالثة، وهي: وما جاء به حق، فأول ألفاظها "وما" وهي معطوفة على ما قبلها بتقدير أن، والظاهر أن هذه الكلمة لا يشترط فيها أن يقال: وأن ما جاء به حق، بل يجزئ أن يقول: "وما جاء به حق"، بخلاف التي قبلها كما تقدم عن الأثر، وأظن ذلك لوضوح الدلالة عليها أو نحوها، وكلاهما قد عبر به أهل العلم في غير موضع. "وما" اسم موصول بمعنى الذي، "وجاء" فعل ماض وفاعله مستتر فيه تقديره هو يعني محمدا، والهاء فيه عائد على "ما" التي بمعنى الذي. وحق قال في الأثر: وإن قال وما جاء به صدق، أو قال: وما جاء به صواب، أو قال: وما جاء به عدل فقد تم به إيمانه إلى أن قال: "وإن قال وما جاء به حقيق"، فقد اختلف في ذلك، فقيل: لم يتم إيمانه، وقيل: قد تم لأن الياء والقاف زائدتان، والله أعلم.

وفي أثر للمشارقة قال بعد ذكر الجملة: "كذلك قال: اعلم أنه إن(٥٠) لم يقر بأن ما(٥١) جاء به من عند الله لم يكن مؤمنا حتى يقول ذلك" إلى أن قال: "قال أبو محمد: ويعجبني ألا(٥٢) يعذر من القول، بأنه(٥٣) بريء من كل دين يخالف الدين الذي دعا إليه محمد، فإن من الكفار من يقول: إن محمدا رسول الله إلى العرب دون غيرهم، والذي جاء به هو دين الإسلام، وغيره مما يحتوي عليه القرآن من الرسالة والقصص والأمثال والحدود والأحكام وتقدير الكلمة، وأن الذي(٥٤) جاء به محمد حقٌّ وصدقٌ وصوابٌ وعدلٌ من عند الله لا من عند غيره، والله أعلم.

واعلم أيها المسترشد أن هذه الكلمات الثلاث(٥٥) جملة لا يسع جهلها كل بالغ عاقل عند أول بلوغه وصحة عقله، ولها تفسير يتسع الكلام عليه ويطول، وكله أعني التفسير داخل في هذه الجملة محتوية عليه لا يتخلف عنها شيء منه. فأما الجملة فلا يسع جهل شيء منها، وأما التفسير فمنه ما لا يسع جهله ولا يسلم

---

(٥٠) أنه إن: فإن، أ ب.

(٥١) بأن ما: بما، ب.

(٥٢) ألا: أن لا، أ ب.

(٥٣) بأنه: وأنه، أ ب.

(٥٤) ما: الذي، أ.

(٥٥) الثلاث: الثلاثة، أ ب.

وقوله: **عبده** مرفوع بالضمة على أنه خبر أنّ، والعبد هنا بمعنى الطائع الخاضع المتذلل، فهذا هو المناسب للمقام.

تقول: عبدٌ بيّنُ العبودية، وأصل العبودية الخضوع والتذلل، ولا يجوز أن يراد أنه خلاف الحر، لأنه لا يناسب شأن النبي صلى الله عليه و سلم، ولأن الأنبياء صلى الله عليهم وسلم هم الأشراف والأحرار، وأولو الدرجات والأخيار. والهاء: ضمير عائد على الله، أضيف إليه العبد إضافة تشريف، وإشعاراً بالعبودية اعتبارا عند الله تعالى: ﴿سبحان الذي أسرى بعبده ليلا﴾.

وقوله: **ورسوله**، الواو فيه للعطف، وفي هذا العطف الشرف(٤٧) كما في قولنا: عالم نحرير، لأن الرسول أوفى من العبد، فإن كل رسول عبد، وليس كل عبد رسولاً(٤٨).

وأما النبي والرسول، ففي أثر بعض غير أصحابنا أن بعض العلماء يرى أن الرسول أخص من النبي، لأن النبي عنده من نُبّئ وأمر في نفسه [والرسول من نُبّئ] وأرسل إلى غيره، فكلّ رسولٍ نبي وليس كل نبي رسولاً(٤٩)، وبعضهم يرى أن كل نبي رسول وكل رسول نبي. قال: ولكنّ القول بالتساوي أقوى عند أهل التحقيق، وأما أصحابنا رحمهم الله ففي أثرهم ما يشعر بالتشكيك في الفرق، ويدل أن الفرق إن كان ليس على ما قاله الغير، وذلك أن في أثرهم قال: وأما ما سألت عنه من الفرق بين النبوة والرسالة، هل يكون نبي ليس برسول؟ وهل يجوز الشك في ذلك؟ قال: لا أرى الشك في ذلك يضيق. وأما الفرق فيما بين النبي والرسول إن كان بينهما فرق، النبي أن يرى شيئا أو يلهمه، والرسول الذي يرسل إليه كما أرسل جبريل إلى محمد، وقد أسلم الناس بمعرفته نبيا، وإن كان رسولا. وفي أثر قال: والوحي على وجهين، الرسالة والإلهام. وقال في القواعد: "والأنبياء عليهم السلام منهم من يأتيه الوحي عيانا، ومنهم من يُلهمه، ومنهم من يراه في النوم" انتهى، والله أعلم.

فقد أوضحنا بيان ألفاظ هذه الكلمة، وبقي علينا بيان المعنى الحاصل منها ومعناها، وأن محمدا عبده الطائع الخاضع المتذلل له هكذا نقول في نبينا، لا كما قالت اليهود والنصارى في نبيِّهما أنهما أبناء الله تعالى الله عن ذلك. وأنه أعني محمدا مع كونه عبده فهو رسوله أيضا، لا كسائر العبيد الذين ليسوا برسل ولا

---

(٤٧) الشرف:-، ب.

(٤٨) رسولا: رسول، أ ب.

(٤٩) رسولا: رسول، أ ب.

ويعظمونه ويعبدونه إلا من صدرت منه(٤٣) تلك النعم، فلا أحد يستحق أن يعبدوه ويكونوا عبادا له إلا من أنعم عليهم بجميع نعمهم، وهو الله سبحانه، فافهم ذلك. فإنك إذا علمت أن خالق الأشياء كلها هو الله، ومالكها هو الله، وأن جميع ما كان مع الخلق من النعم والمنافع والمسار والملاذ إنما هو من الله تبين لك وعلمت أنه لا يستحق العبادة والخضوع والتذلل له إلا الله، وإذا تبين لك ذلك وعلمته ونظرت فيه وتدبرته استقام لك، وصح أن تقول: لا إله إلا الله، أي: لا أحد في الوجود مستحق للعبادة إلا الله وحده لا شريك له، فقد تبين لك معنى هذه الكلمة الشريفة بياناً شافياً باختصار.

وأما قوله: "**وحده لا شريك له**"، قال الشيخ أبو عبيدة رحمه الله: إذا قال وحده فقد نفى عنه أن يكون له شريك، وهو تأكيد للوحدانية والغرض من هذا(٤٤) التأكيد رفع شبه خَالجَنَ السامع، وهو ما يدعي المشركون من الشرك، وما ادعى النصارى من البنوة، وما جعلت العرب له من البنات، وزاد تصريحا ومطابقة لما دلت عليه كلمة الشهادة من الوحدانية بقوله: "وحده لا شريك له"، فتأكدت الوحدانية وارتفعت الشبه، واندفع الشك، وزال التحيّر، وذهبت(٤٥) الأوهام، واستقر التوحيد، وثبت اليقين، وجزم باعتقاد الحق، وفاز القائل بالصدق، وملئ صدره بمعرفة ربه سبحانه وتعالى، فهذه جملة من الكلام على هذه الكلمة الشريفة، كافية لمن وفّقه الله لفهم معانيها. وأما الكلمة الثانية وهي قوله: أن محمدا عبده ورسوله، فأول ألفاظه أن بفتح الهمزة(٤٦) وتشديد النون، فهو حرف يؤكد النسبة ويرفع الشك عنها، والإنكار لها.

وفي الأثر: وأما المشرك إن قال: أشهد أن لا إله إلا الله وحده لا شريك له ومحمد عبده ورسوله وما جاء به حق، فهذا لم يتم إيمانه حتى يقول: وأن محمّداً. وثانيها مُحمداً وهو اسم أن في الإعراب منصوب بالفتحة، وهو اسم لرجل حر آدمي أرسله الله إلى الإنس والجن، وهو محمد بن عبد الله بن عبد المطلب الهاشمي القرشي، ولد بمكة وبعث بها، وهاجر إلى المدينة ومات ودفن فيها صلى الله عليه و سلم تسليماً، وسمي بهذا الاسم لكثرة خصاله المحمودة، وقيل لجده عبد المطلب: لم سميت ابنك بهذا الاسم، ولم يكن من أسماء آبائك وأجدادك؟ فقال: رجوت أن يحمد في السماوات والأرض، فحقق الله رجاءه.

(٤٣) منه: عليه، ب.

(٤٤) منه: من هذا، أ.

(٤٥) وذهب: وذهبت، أ.

(٤٦) الهمزة:-، ب.

ولا تضر إذ لم تدفع عن نفسها الاجتثاث والمضار لعجزها عن ذلك وغيره، فثبت أن قولنا: الله قد حصلت له هذه الخاصية التي لم تحتمل لغيره من الأسماء، ولذلك لا يُعلم التوحيد، ولا تحصل كلمة الشهادة التي بسببها يخرج المشرك من شركه إلى التوحيد إلا بهذا الاسم دون غيره. فلو أن الكافر قال: أشهد أن لا إله [إلا] الرحيم، أو إلا الملك، أو إلا القدوس، لم يخرج من الشرك ولم يدخل إلى التوحيد. ولذلك قال رسول الله عليه السلام: «أمرت أن أقاتل الناس حتى يقولوا لا إله إلا الله». وذلك يدل على اختصاص هذا الاسم بهذه الخاصية الشريفة والله أعلم، وبه التوفيق.

فهذه معاني هذه الألفاظ باختصار، وسأزيدك إيضاحاً وبياناً إن شاء الله. اعلم أن المشركين اعتقدوا أن الإلهية وهي استحقاق العبادة ثابتة لعدد، والنصارى اعتقدوا إثباتها لثلاثة، وأخطأوا(٣٨) في ذلك، فقصد(٣٩) بهذه الكلمات الشريفة الرد على جميع فرق المشركين في اعتقادهم تعدد الإلهية في الوجود، ونفي الصفة(٤٠) المذكورة، وهي الإلهية عن العدد على وجه الاستغراق من الاثنين إلى ما فوق ذلك، وإثباتها لله وحده وقصرها عليه، بحيث لا يكون أحدٌ يستحق تلك الصفة إلا هو سبحانه، فقدمت لا نافيةً الإلهية عن كل أحد سوى الله، وسيقت إلا لتثبيت الإلهية التي نفيت قبلها لصاحب الاسم الذي ذكر بعدها وهو الواحد الفرد الذي هو الله. فيتبين بما تقدم من الكلام أن معنى لا إله إلا الله لا أحد في الوجود إله(٤١) معبود مستحق للعبادة إلا الفرد الواحد الذي هو الله سبحانه، فالكلمةُ فيها نفيٌ وإثبات، فأما النفي فهو نفي الإلهية عن غير الله، وأما الإثبات فهو إثبات الإلهية لله وحده، والإلهية هي استحقاق العبادة، ولا يستحقها إلا الله وحده، وبيان أن الله لا يستحق العبادة إلا هو لأنه تعالى هو المنعم على العباد بجميع النعم أصولها وفروعها ظاهرها وباطنها، ﴿وَمَا بِكُم مِّن نِّعْمَةٍ فَمِنَ اللّهِ﴾ [النحل:٥٣]، ﴿وَإِن تَعُدُّواْ نِعْمَةَ اللّهِ لاَ تُحْصُوهَا﴾ [النحل:١٨]، ﴿وَأَسْبَغَ عَلَيْكُمْ نِعَمَهُ ظَاهِرَةً وَبَاطِنَةً﴾ [لقمان:٢٠]، فجميع ما حصل للعباد من النعم إنما هو من الله ﴿قُلْ كُلٌّ مِّنْ عِندِ اللّهِ﴾ [النساء:٧٨]، وحينئذ فهم [في] غاية الذلة والعبودية من كل جانب ولا محيص لهم عنها، فوجب عليهم ألا(٤٢) يكون من يجلّونه

(٣٨) وأخطأوا: وأخطيو، أ ب.

(٣٩) فقصدوا: فقصد، أ.

(٤٠) الصفة: الصحة، أ ب.

(٤١) إله: الاه، أ.

(٤٢) ألا: أن لا، أ ب.

فإن قلت: أخبرني عن لا هاهنا، دخلت على اسم جنس كهذين اللذين تقدما أم لا؟ قلت: نعم، دخلت على اسم جنس وهو إله(٣٢) لأن إله معناه معبود، وهو اسم يقع على كل معبود، عُبد بحق أو باطل، إلا أنه غلب على المعبود بالحق غلبة استعمالية أي استعمل جنسها، كما أن البيت اسم لكل بيت ثم غلب على الكعبة، فلما(٣٣) دخلت لا على إله نفته عن كل أحد سوى الله، فهي هنا نافية للألوهية وهي استحقاق العبادة عن كل أحد في الوجود سوى الله سبحانه. والذي نفته لا عن كل أحد(٣٤) سوى الله أثبتته لله(٣٥) وحده، وهذه اللفظة أعني بها الله اسم علم على(٣٦) ذات الواجب الوجود المستحق لجميع المحامد. وقد أجمع كل الخلق على أن هذا الاسم مخصوص بالله لا يسمّى به أحدٌ غيره، وله خواص لا توجد في غيره من أسماء الله تعالى، فمنها أن غيره من الأسماء إنما يدل على معناه ولا يتضمن غيره من المعاني، كما إذا دعوت الله باسم غير هذا الاسم فقلت مثلاً: يا رحمن فقد وصفته بالرحمة، وما وصفته بالقهر وسائر الصفات. وإذا دعوته وقلت: يا عليم فقد وصفته بالعلم وما وصفته بالقدرة، وغيرها من الصفات إلى غير ذلك من الأسماء. وأما هذا الاسم الشريف فإنه يتضمن جميع الأسماء والصفات، لأنك إذا قلت: يا الله، فقد وصفته بجميع الصفات، لأن الإله لا يكون إلهاً(٣٧) إلا إذا كان موصوفاً بجميع صفات الألوهية والربوبية من الخلق والرزق والقدرة والعلم والإرادة وغير ذلك من صفات ذاته وصفات أفعاله.

قال بعض العلماء: ولا يكون إلهاً حتى يكون لعبده خالقاً ورازقاً ومدبراً وعليه مقتدراً، فمتى لم يكن كذلك فليس بإله.

أقول: وكذلك قال إبراهيم: ﴿يَا أَبَتِ لِمَ تَعْبُدُ مَا لَا يَسْمَعُ وَلَا يُبْصِرُ﴾ [مريم:٤٢]الآية، وقوله لقومه حين اجتث أصنامهم فقالوا: ﴿مَن فَعَلَ هَذَا بِآلِهَتِنَا إِنَّهُ لَمِنَ الظَّالِمِينَ﴾ إلى قوله: ﴿أَفَلَا تَعْقِلُونَ﴾ [الأنبياء:٥٩-٦٧]، واحتج عليهم في إبطال عبادتهم لها بكونها مما لا تفعل ولا تحتمل الفعل، ولا تنفع

(٣٢) إله: الله، أ ب.

(٣٣) فلما: فما، ب.

(٣٤) واحد: أحد، أ.

(٣٥) لله: إلا الله، ب.

(٣٦) علم على: -، ب.

(٣٧) إلها: إله، ب.

ولم تكن عنده فقد كفر السائل و المسؤول بحيث يكفر السائل ويكفر المسؤول، وإنما يكفران بجهلها لا بالسؤال. وإن سأله ولم تكن عنده فقد كفر السائل، [و إن] تقدم(٢٥) فأجابها له فوافق الصواب فقد عصا بتقديمه، ويكون ذلك حجة للسائل إلى أن قال: وإن كانت عنده المسألة فكتمها عنه(٢٦) فقد وقع في قوله تعالى: ﴿الَّذِينَ يَكْتُمُونَ مَا أَنزَلْنَا مِنَ الْبَيِّنَاتِ﴾ [البقرة:١٥٩] الآية، ذلك لأهل العلم والمستحق له.

فإن قال: ما حدّ الجواب؟ فقل: قطع السؤال المستحق. وقال بعضهم: حده مقابلة استحقاق السؤال، وكفيته في الأخبار، وحده في اللغة القطع.

وآداب الجواب سبعة أوجه: رد العلم إلى نهايته، والتفهيم في السؤال، والترسل في الجواب، والجواب بالود، وحسن الرأفة(٢٧) والإنصاف، وترك الإغفال، واختيار مسالك العلم. انتهى.

قوله: **شهادة أن لا إله إلا الله، إلخ**(٢٨) ، يعني أن ما سألت عنه من الإيمان الذي لا يسع الناس جهله هو الإقرار والتصديق بهذه الجملة، وهي أن لا إله إلا الله وحده لا شريك له، وأن محمدا عبده ورسوله، وأن ما جاء به حق الخ. وأما معنى هذه الكلمات الثلاث(٢٩) ؟ فتحتاج أولاً إلى معرفة كل لفظة منهن، فإذا علمت ذلك فهمت المعنى الحاصل من الجملة، فلذلك أبدأ الآن بشرح كل كلمة وحدها، ثم بعد ذلك أذكر المعنى الحاصل من جملتها(٣٠) .

فنقول مستعينا بالله: اعلم أن الجملة الأولى هي قولنا: لا إله إلا الله، وأول ألفاظها لا وهي حرف وضعته العرب للنفي، فإذا دخلت على اسم جنس نفت كل فرد من أفراد ذلك الجنس على العموم والاستغراق، واسم الجنس هو كل اسم شائع في جنس لا يختص به أحد منهم دون أحد،(٣١) كـ(فرس) فإنه اسم شائع في جنس يصدُق على كل فرس من الخيل، لا يختص به فرسٌ دون فرس.

---

(٢٥) تقم: فتقدم، ب.

(٢٦) عنه: له، أ ب.

(٢٧) الزفة: الرأفة، أ.

(٢٨) ألا: إلخ، أ.

(٢٩) الثلاث: الثلاثة، ب.

(٣٠) كلمتها: جملتها، أ.

(٣١) +: و، أ ب.

أخرس فإنه يكتب، وإن كان المجيب أخرس فإنه يكتب، وإن أخرسا جميعا فإنهما يكتبان جميعا، فإن كانا يفهمان جميعا الإشارة فقد أجزاهما ذلك، وإن كانت جوارحهما صحيحة فلا بد لهما من النطق. وإن قيل لك: الله واحد فأومأت له برأسك فلا يجزيك ذلك، وإن قلت له: نعم فقد أجزأك.

وقال أيضا: **فإن أشار إليه، أوبعث إليه كتابا أو بعث إليه رسولاً، هل يقال لهذا سؤال؟ قال: لا، ولكنه أقامه مقام السؤال. وقال: وآداب السؤال سبعة أوجه: خفض البصر، وخفض الصوت، وترك الالتفات، وعظم الوقار، وشدة الحرص، ولطف السؤال، وحسن الهيئة.**

وقال: **لا يؤخذ العلم من أربعة: رجل سفيه[٢٣] مشهور في السفه، ورجل مبتدع في الدين، ورجل كذّاب وإن كان يصدقُ في فتواه، ورجل لا يفرق بين مذهبه ومذهب غيره.** وقال: **لا يصحّ معرفة مذهب المرء إلا بمعرفة مذهب غيره من أهل الخلاف.**

وقال: **لا تصح معرفة الأشياء إلا بمعرفة أضدادها.** وقال: **لا يعرف الرجل مذهبه حتى يفرزه من غيره كما يفرز الرجل بيته في ليلة سوداء ذات مطر وريح من البيوت، فهكذا تصح معرفته له.** فافهم ذلك. وقيل: إذا صدق بالمذهب، وتولى العامل به، وبرئ من المخالف له، وعمل بموافقة المذهب، ولم يرغ روغان الثعلب، ولم يقصر في الدين، ولم يغل فيه، واتبع ولم يبتدع[٢٤]، لم يلزمه غير ذلك، إلا أن عليه فرز ما بين المذاهب. انتهى.

قوله: **فقال: يعني الشيخ أبا محمد مجيباً لهذا السائل الذي سأله. قال في السؤالات: والمجيب أفضل من السائل، كما أن الجواب أفضل من السؤال، لأن الجواب يبين به وجه الصواب، والجواب كله بالصواب عِلمٌ، والجواب كله بالخطأ جهل، والجواب يكون صوابا ويكون خطأ.**

وقال: **الجواب فرض على الكفاية، فإن جاء من يسألنا عن مسألة لا يسعنا جهلها فلا يردها أحدنا إلى الآخر.** وقيل: بالرخصة إذا كان من هو أعلم في المجلس يردّها إليه، وكذلك في المسجد أو في المصلى أو في المنزل أو فيما دون الأميال، وقيل غير ذلك.وإن سأل رجل رجلاً عن مسألة مما لا يسع الناس جهله،

---

(٢٣) سفيه: سعيد، أ.

(٢٤) + (حاشية) أ. نص السؤالات الذي نقل منه الشيخ هذه العبارة: "واتبع ولم يبتدع ألا (أن لا) يكون عليه فرز بين المذاهب وأهلها روي ذلك عن الشيخ جناون... إلخ". ولعل هذا زيادة وتفصيل من الأشياخ وليس من المحشي. تأمل ذلك فيما قيل قبل إذا صدر وبعده تجد الفرق بينهما والصواب فهو ما حكيته هنا.

وقوله: **عن الإيمان الذي لا يسع الناس جهله**، يعني: خاصة دون الذي يسعهم جهله لأن الذي لا يسع واجب السؤال عنه، وهو أول سؤال يجب على الإنسان. وأما الذي يسع فهو موسَّع على التراخي والمهلة، فيؤخر السؤال عنه كما يتأخر وجوب العمل به عن(١٤) الذي لا يسع جهله، وذلك(١٥) أن الإيمان عند أهل الحق هو كل ما أمر الله به وأوجب الثواب عليه من قول وعمل واعتقاد، ومنه أي من الإيمان ما لا يحل للناس البلّغ(١٦) العقلاء أن يجهلوه عند كمال عقولهم طرفة عين، وعلى هذا وقع السؤال هاهنا.

ومنه ما يسعهم جهله بعد بلوغهم وكمال عقولهم، ويكونون مسلمين مؤمنين على جهله حتى يلزمهم العمل به عندنا. فإن قال: ما الدليل على أن السؤال فرض؟ فقل: قول الله تعالى: ﴿فَاسْأَلُواْ أَهْلَ الذِّكْرِ إِن كُنتُمْ لاَ تَعْلَمُونَ﴾(١٧) [النحل: ٤٣]، أي: أهل العلم، وقيل: أهل التوراة، وقيل: أهل القرآن. وقال(١٨) في موضع آخر: وعمن(١٩) عقدنا(٢٠) له التوحيد، فقال لك: علمني ما لا يسعني جهله، فإنك تعلّمه ما لا يسع جهله كله. وقيل: تعلمه الجملة التي يدعو إليها رسول الله صلى الله عليه وسلّم ، وليس عليك غير ذلك، فإن لم تعلّمه فقد ضاق عليك. وإن قال لك ذلك من تشهدُ له بالتوحيد، فإنك تعلّمه كما ذكرنا، فإن لم تعلّمه فلا يضيق عليك. وإن كان سألك بمسألة وقد(٢١) علمت بأنها كانت عنده أوأخذها عنك أو سألتما(٢٢) عنها عالما فأخذتماها عنه فليس عليك شيء منه، إلا إن ادّعى النسيان فعليك أن تجيبه. وإن كان السائل

---

(١٤) عن: على، أ ب.

(١٥) +: (حاشية) أ. قوله: وذلك إلخ قال في الردود: واعلموا أن الإيمان هو طاعة الله فيما أمر به ونهى عنه وما يتقرب به إليه مما لم يعرضه من أنواع البر؟

(١٦) البلغاء: البلغ، أ.

(١٧) + (حاشية) أ. وقبله: وما أرسلنا من قبلك إلا رجالا يوحى إليهم إلخ. قال البيضاوي: وهو رد لقول قريش الله أعلى من أن يكون رسوله بشرا. وقال بعد قوله: فاسألوا أهل الذكر أي: أهل الكتاب أو علماء الأحبار ليعلموكم إن كنتم لا تعلمون. وقال: وفي الآية دليل على أن الله تعالى لم يرسل ملكا للدعوة العامة وعلى المرء وجوب الرجوع إلى العلماء فيما لا يعلم. فإن فهمت معنى الآية على هذا فلا يشكل عليك قول المحشي: "أي: أهل العلم وقيل: أهل التوراة، وقيل: أهل القرآن".

(١٨) + (حاشية) أ. أي: صاحب السؤالات لعل قوله أيضاً.

(١٩) وعمن: وعن من ، أ ب.

(٢٠) عقدنا: اقعدنا، أ ب.

(٢١) وقد : فقد، أ ب.

(٢٢) مسألة: سألتما، أ.

وسؤال تعنيت، وسؤال إجلال، ودليل الاستفهام(٦) : ﴿أَأَنتَ قُلتَ لِلنَّاسِ﴾ [المائدة:١١٦]، ﴿آللَّهُ خَيْرٌ أَمَّا يُشْرِكُونَ﴾ [النمل:٥٩](٧) . ودليل الفائدة: ﴿يَسْأَلُونَكَ مَاذَا أُحِلَّ لَهُمْ﴾ [المائدة:٠٤]، ﴿يَسْأَلُونَكَ عَنِ الشَّهْرِ الْحَرَامِ﴾ [البقرة:٢١٧]. ودليل التقرير ﴿وَمَا تِلْكَ بِيَمِينِكَ يَا مُوسَى(٨)﴾ [طه:١٧]. ودليل التعنيت: ﴿فَأْتُواْ بِسُورَةٍ مِّن مِّثْلِهِ﴾ [البقرة:٢٣]، ﴿فَتَمَنَّوُا الْمَوْتَ إِن كُنتُمْ صَادِقِينَ﴾ [الجمعة:٠٦] وما أشبه ما ذكرنا من كل وجه، وسؤال الإجلال كسؤال الملائكة ربهم إذ خلق آدم: ﴿قَالُواْ أَتَجْعَلُ فِيهَا مَن يُفْسِدُ فِيهَا﴾ [البقرة:٢٣].

وقال في موضع آخر: **قد قلت السؤال على خمسة أوجه(٩) ، فما الذي منه فرض السؤال فيه؟ الجواب: أنه في سؤال الاستفهام(١٠) وسؤال الفائدة(١١) . فإن قال: على من فرض؟ فقل: على كل بالغ صحيح العقل.**

فإن قيل: ففيم فرض فيه؟ فقل: فيما لا يسع الناس جهله، وفيما لا يسعهم تركه.

أقول(١٢) : أما فيما لا يسعهم جهله فكما قال(١٣) ، وأما فيما لا يسعهم تركه من الفرائض التي هي عين التوحيد، فلا يجب عليهم السؤال والتعلم، وإنما يجب عليهم العمل ، هذا هو المذهب عندنا، كما سيأتي في موضعه إن شاء الله.

---

(٤) + (حاشية) ، أ. لغة استفدت من علم أو جاه أو مال. واصطلاحا: هو ما يكون الشيء به أحسن حالا منه بغيره.

(٥) + (حاشية) ، أ. التقريرية هو: حملك المخاطب على الإقرار والاعتراف بأمر قد استقر عنده ثبوته.

(٦) الاستفهام: استفهام؛ هو طلب الفهم (حاشية)

(٧) +: استفهاما، أ.

(٨) + (حاشية) ، أ. فإن قيل: لم قال (بيمينك) ولم يقل: (بيدك)، "بيدي" فالفائدة في ذلك أنه كانت الخاتم في يده اليسرى، فلو قال: بيدي لا شتبه عليه أيهما أراده، والله لا يلبس على خلقه ولا على رسوله، ولا رسوله على أمته لأنه أرسل بالبيان.

(٩) +(حاشية): فإن قيل: بيّن لي من هذه الخمسة ما يجوز على الله؟ فقل: سؤال تقرير وسؤال تعنيت فكل ما كان استفهاما (استفهام) فهو تقرير من الله، وكل ما كان تقريرا (تقرير) من الله فهو استفهام من عند الله.

(١٠) الاستفهام: استفهام، أ ب.

(١١) الفائدة: فائدة، أ.

(١٢) +: (حاشية) أ. المحشي قاله إلى قوله: عندنا.

(١٣) + :(حاشية) أ. أي صاحب السؤالات.

Chapter Two

بسم الله الرحمن الرحيم

وصلى الله على سيدنا محمد وعلى آله وصحبه وسلم تسليما

الحمد لله الذي ليس كمثله شيء في ذاته ولا في صفاته ولا في أفعاله، والصلاة والسلام على سيدنا محمد وعلى آله.

وبعد، فإنه لما كان هذا الكتاب الشريف من أشرف ما في علم التوحيد من الكتب والتصانيف، إذ هو من آثار الشيخ العلامة إمام مذهب أهل الاستقامة والمقتدى به في الفتاوى الخاصة والعامة، قطب المذهب ومداره، وأساس قواعده ومناره أبي محمد عبد الله بن يزيد الفزاري -رحمه الله ورضي الله عنه- و[منَّ] علينا بمتابعته، وكان غالب عباراته تصعب على قليل العلم، وأكثر معانيه تخفى على ضعيف الفهم، أردت أن أكتب عليه شيئا مما يسهل فَهمَه، ويقرب ما يبعد ويصعب، فما وُفِّقتُ فيه للصواب فاقبلوه، وما خرج من ذلك فأهملوه، فإني أبرأ [منه] إلى الله، وما توفيقي إلا بالله، عليه توكلت وإليه أنيب.

قال الشيخ الناقل عن الشيخ(1) أبي محمد: سألته(2) يعني، سأل الشيخ أبا محمد عبد الله بن يزيد الفزاري رحمه الله، قال في السؤلات: فإن قال ما حد السؤال؟ فقل: الطلب للمجهول. وقيل: البحث والتكشف عن الأمر الغامض. وقيل: الاستخبار والسؤال والمسألة بمعنى واحدٍ. وأما الجوابُ فهو غير السؤال. والمسألة والسؤال(3) على خمسة أوجه: سؤال استفهام، وسؤال فائدة(4)، وسؤال تقرير(5) ،

(1) + (حاشية) ، أ. قوله: الشيخ هو اسم فاعل شاخ بغلة وأصله من كثر سنه. قيل: من جاوز الأربعين. وقيل: الخمسين. وقيل: الستين.

(2) سألته: سألت، أب؛ + (حاشية) ، أ. قال في شرح الجهالات. إن سأل سائل فقال: ما دليلك على أنك مخلوق؟ فقل: دلّني على ذلك حدثي بعد إذ لم أكن فإن ذلك أدب السؤال. قال: أدب السؤال أن يسلم السائل على المسؤول، ثم يحبس بين يديه فيه فيستأذن في السؤال فإن أذن له فليستأذن فلا يسأل إلخ...

(3) + (حاشية) ، أ. ويسقط السؤال من خمسة أوجه: من تناقض واضطراب وإثبات أو دخول السؤال تحت المحال وجمع بين سؤالين.

في تلقي علم الكلام الإباضي المبكر

شروح ل"كتاب في التوحيد"

لأبي محمد عبد الله بن يزيد الفزاري

عبدالرحمن السالمي

دار هاراسوفيتز للنشر

٢٠٢١

Chapter Three

Comparison

In this chapter we shall try to reflect the identical or similar quotations between this text *Kitab fī al-Tawḥīd* and other Ibadi works, which are either earlier or later than the period of the text written. The table below shows this comparison and we refers to A= author and B=book, as the following:

Comments	*Page*	*Its passage*	*The another work*	*Page*	*The Text in K. al-Tawḥīd II*	*N*
	24	قسّمه آخرون عَلَى خمسة فقالوا: سؤال فائدة وسؤال تعنُت، وسؤال استفهام وسؤال تقرير، وسؤال إجلال	B: Bahjat al-Ānwār. A: Nūr al-Dīn al-Sālimī (d. 1914).	2	والسؤال على خمسة أوجه: سؤال استفهام، وسؤال فائدة، وسؤال تقرير، وسؤال تعنيت، وسؤال إجلال	1
	55	وقيل عن أبي عبيدة مسلم رحمه الله أنه قال لا يؤخذ العلم من أربعة رجل كذاب وأن كان يصدق في فتواه ورجل مبتدع في الدين ورجل سفيه مشهور السفه ورجل لا يفرز مذهبه من مذهب غيره	B: Ghāyt al-Maṭlūb fī al-Āthr al-mansūb. A: ʻĀmir b. Khamīs b. Mas ʻūd al-Mālikī (d. 1928)	4	وقال: لا يؤخذ العلم من أربعة: رجل سفيه مشهور في السفه، ورجل مبتدع في الدين، ورجل كذّاب وإن كان يصدق في فتواه، ورجل لا يفرق بين مذهبه ومذهب غيره.	2
	45 v.17/	الْجَوَابُ فَرْضُ كِفَايَةٍ، فَإِنْ جَاءَ مَنْ سَأَلَنَا عَنْ مَسْأَلَةٍ لَا يَسَعُنَا جَهْلُهَا، فَلَا يَرُدُّهَا أَحَدُنَا	B: Kitāb Sharḥ al-Nīl wa Shifā al-ʻalīl.	5	وقال: الجواب فرض على الكفاية، فإن جاء من يسألنا عن مسألة لا يسعنا جهلها فلا	3

Comments	Page	Its passage	The another work	Page	The Text in K. al-Tawḥīd II	N
		إِلَى الْآخَرِ أَيْ لِئَلَّا يَمُوتَ عَلَى غَيْرِ عِلْمٍ وَلِئَلَّا يَتَأَخَّرَ عِلْمُهُ فَيَبْقَى فِي صُورَةِ الْكُفْرِ، وَقِيلَ: بِالرُّخْصَةِ إِذَا كَانَ مَنْ هُوَ أَعْلَمُ فِي الْمَجْلِسِ يَرُدُّهَا إِلَيْهِ، وَكَذَلِكَ فِي الْمَسْجِدِ أَوْ فِي الْمُصَلَّى أَوْ فِي الْمَنْزِلِ أَوْ فِيمَا رَدَّ الْأَمْيَالَ، وَقِيلَ غَيْرُ ذَلِكَ،	A: Muḥammad al-Iṭfayīsh (d. 1914).		يردها أحدنا إلى الآخر. وقيل: بالرخصة إذا كان من هو أعلم في المجلس يردّها إليه، وكذلك في المسجد أو في المصلى أو في المنزل أو فيما رد الأميال، وقيل غير ذلك.	
	348	قال علماؤنا: فإن لم يقر بما جاء به من عند الله لم يكن مؤمنا حتى يقول ذلك قال أبو محمد: ويعجبني ألا يعذر من قول ,انه بريء من كل دين يخالف الدين الذي دعا إليه محمد صلى الله عليه وسلم فإن من الكفار من يقول: أن محمدا رسول الله إلى العرب دون غيره. انتهى.	B: Mashāriq al-Ānwār al-'qawl. A: Nūr al-Dīn al-Salimī (d. 1914).	12	: اعلم فإن لم يقر بما جاء به من عند الله لم يكن مومنا حتى يقول ذلك" إلى أن قال: قال أبو محمد: ويعجبني ألا يعذر من القول، وأنه بريء من كل دين يخالف الدين الذي دعا إليه محمد، فإن من الكفار من يقول: إن محمدا رسول الله إلى العرب دون غيرهم،	4
	v. 1/13	والسمع قوة مودعة في العصب المغروس في قعر الصمّاخ تدرك به الأصوات، والبصر قوة مودعة في العصبيتين المجوّفتين اللتين تتلاقيان في مقدم الدماغ ثم تتفرقان، فالتي من جهة اليمين توصل إلى العين اليمنى، والتي	B: al-Jāmiʿ al-Ṣaghīr. A: Muḥammad al-Iṭfayīsh (d. 1914).	16	فأما السمع: فهو قوة مودعة في العصب المفروش في مقعد الصماخ، تدرك به الأصوات. وأما البصر: فهو قوة مودعة في العصبتين الفجوتين اللتين تلاقيان في مقدم الدماغ ثم تفترقان، فتناديان إلى العينين التي	5

Comments	Page	Its passage	The another work	Page	The Text in K. al-Tawḥīd II	N
		من جهة اليسرى توصل إلي العين اليسرى تدرك بها الأضواء والألوان، واللمس قوة في جميع البدن غير الشعر والظفر تدرك بها الحرارة والبرودة والرطوبة واليبوسة واللين والخشونة. والشم قوة مودعة في العصبيتين الزائدتين النابئتين في مقدم الدماغ الشبيهتين بلحمة الثدي ندرك بها الروائح. والذوق قوة في العصب المفروش على حرم اللسان تدرك بها الطعوم، وتلك خمس حواس ظاهرة.			من جهة اليمين إلى العين اليمنى، والتي من جهة اليسرى إلى العين اليسرى تدرك به الأضواء والألوان. وأما الشم: فهو قوة مودعة في العصبتين الزائدتين النائيتين في مقدم الدماغ، الشبيهتين بحلمة الثدي، تدرك به الروائح. وأما الذوق: فهو قوة منبثة في العصب المفروش على جرم اللسان، تدرك به الطعوم. أما اللمس: فهو قوة منبثة في جميع البدن، تدرك به الحرارة والبرودة والرطوبة واليبوسة ونحو ذلك	
	6	لو شاء أن يخلق الخلق وقد كان له أن يخلقهم على غير ما خلقهم عليه، ولو جعل الحسن قبيحا والقبيح حسنا والأعمى بصيرا والبصير أعمى، ولو خلق الإنسان بغير سمع ولا بصر ولا يد ولا رجل، لم يكن منه جورا، بل كان عدلا، لأنه ليس لجميع الخلق على الله أن يخلقهم بديا، ولا إذا خلقهم أن	B: K. al-Qadar/ A: ʻAbd Allāh b. Yazīd al-Fazārī. (Brill, IHC 106, 2014)	18	قال المصنف في بعض آثاره:"... قد كان يعني الله لو شاء ألاّ يخلق الخلق قد كان له أن يخلقهم على غير ما خلقهم عليه، ولو جعل الحسن قبيحاً والقبيح حسناً والأعمى بصيراً، والبصير أعمى. ولو خلق الإنسان بغير سمع ولا بصر ولا يد ولا رجل لم يكن منه جوراً بل كان عدلاً، لأنه ليس لجميع الخلق	6

Comments	Page	Its passage	The another work	Page	The Text in K. al-Tawḥīd II	N
		يجعل لهم سمعا ولا بصرا أو يدا ولا رجلا، وكذلك إذا سلبهم الله شيئا من جوارحهم بعد إذ صنعه لهم، وكذلك الأمراض والأسقام يسقم الله تبارك وتعالى من يشاء من الخلق والأطفال وغيرهم من البهائم التي لم تومر ولم تنه، فليس لهم على الله أن يصحهم، كما أنه لو ابتداهم فجعلهم على السقم ولم يجعلهم على الصحة كان ذلك عدلا عليهم غير ظالم لهم، لأنه ليس لجميع الخلق على الله أن يخلقهم على غير ما خقهم عليه			على الله أن يخلقهم بدئاً، ولا إذ خلقهم أن يجعل لهم سمعا ولا بصراً ولا يداً ولا رجلاً، وكذلك إذا سلبهم الله شيئا من جوارحهم بعد إذ صنعه، وكذلك الأمراض والأسقام يسقم الله من يشاء من الخلق كالأطفال وغيرهم من البهائم التي لم تومر ولم تنه، وليس لهم على الله أن يصحهم، كما أنه لو ابتدأهم على السقم ولم يجعلهم أصحاء كان ذلك عدلاً عليهم غير ظالم لأنه ليس لجميع الخلق على الله أن يخلقهم على غير ما خلقهم عليه، ولله أن يخلق خلقه على ما يشاء..." انتهى	
	12v.17/	أَنَّهُ لَا يَسَعُ جَهْلُ مَوْتِ مُحَمَّدٍ صَلَّى اللَّهُ عَلَيْهِ وَسَلَّمَ لِأَنَّ مَنْ جَهِلَ مَوْتَهُ جَهِلَ أَنَّ الَّذِي فِي يَدِهِ مِنْ الشَّرِيعَةِ يُنْسَخُ أَوْ لَا يُنْسَخُ	B: Kitāb Sharḥ al-Nīl. A: Muḥammad al-Iṭfayīsh (d. 1914).	20	إن جهل موت محمد مع يقينه أن ما هو عليه من الشرائع لا ينسخ	7
	16	قلت أرأيت من قال أنا أعرف أن محمدا رسول الله ولكني لا أعرف أن أحمد	B: Fī man raj'a 'an 'ilmih.	20	فمن قال مثلاً: أنا أعرف أن محمداً رسول الله، ولكني لا أعرف أن أحمد رسول الله،	8

Comments	Page	Its passage	The another work	Page	The Text in K. al-Tawḥīd II	N
		رسول الله أيسعه ذلك ويكون عارفا بمحمد عندك قال نعم لأنه قد عرف محمدا رسول الله قلت فلو أن رجلا قال أنا أعرف أن أحمد رسول الله ولكني لا أعرف أن محمدا رسول الله أكان عارفا بمحمد عندك في الحكم قال لا يكون كافرا في الحكم لأن هذا الاسم المشهور الذي ظهرت به أحكامنا وبه تثبت معرفة محمد وبه ندعو في دارنا إلى معرفة محمد	A: ʻAbd Allāh b. Yazīd al-Fazārī.(Brill, IHC 106, 2014)		فقد ثبتت له معرفة محمد، وأما من قال: أنا أعرف أن أحمد رسول الله، ولكني لا أعرف أن محمدا رسول الله فليس بعارف بمحمد ﷺ، كما هو نص في بعض آثار أصحابنا.	
	147v.1/	مَن كانَ عَلَى دينِ أحدِ الأنبياء بشرائع الإسلاَم فَواسِع لَه جهلُ مَعْرِفَةِ مُحَّمد ومَا جاءَ به حَتَّى يَأتيه السماعُ به والْحُجَّة	B: Mʻārij al-Āmāl. A: Nūr al-Dīn al-Salimī (d. 1914).	22	فكل من كان مسلماً على دين نبي من الأنبياء فهو مؤمن بمحمد وعلى دين محمد حتى يأتيه السماع والبيان	9
	v.1/ 76	ثم ذكر الشارح رحمه الله ما هو اعتقاد أئمتنا في رسول الله صلى الله عليه وسلم وسائر الأنبياء والرسل عليهم السلام، حيث قال راويا عن شيخه رحمه الله بعدما سأله، فأجابني في السؤال بأن قال: نحن لم نعتقد في رسول الله صلى الله عليه وسلم إلا خيرا	B: Ḥāshīyat al-Tartīb. A: Abū Sitta al-Sadawshkī. (d. 1677).	24	وقال شارح العدل راوياً عن شيخه:"نحن لم نعتقد في رسول الله إلاخيرا، وننزهه عن القبائح، وارتكاب الكبائر، والشرك، والكفر، والنفاق، وسائر الأخلاق الكريهة، ولا يقع في الصغائر إلا غافلا أو ناسيا من غير تعمد، وكذا نعتقد في سائر الرسل والأنبياء قبل	10

Comments	*Page*	*Its passage*	*The another work*	*Page*	*The Text in K. al-Tawḥīd II*	*N*
		وننزهه عن القبائح وارتكاب الكبائر والشرك والكفر والنفاق وسائر الأخلاق الذميمة، ولا يقع في الصغائر إلا غافلا أو ناسيا من غير تعمد، وكذا نعتقد في سائر الرسل والأنبياء قبل النبوة وبعدها، ولا نقطع فيهم قبل النبوة بشيء إذ ذاك أمر مجهول عندنا لم يرد فيه من البراهين السمعية أثر يقطع به في القرآن ولا في السنة إلى آخره.			النبوة وبعدها، ولا نقطع فيهم قبل النبوة بشيء، إذ ذاك أمر مجهول عندنا لم ترد فيه من البراهين السمعية أثر تقطع به في القرآن ولا في السنة" الخ...	
	16	قلت فما تقول فيمن لم يدر لعله من الملائكة أو من الجن قال لا يسعه لأن هذا بمنزلة من لم يدر أرجل هو أو امرأة ولا يطلب إليه العلم بأنه من الانس في الجملة.	B: Fī man raj‘a ‘an ‘ilmih. A: Abd Allah b. Yazīd al-Fazārī.	24	وفي أثر لأصحابنا قلت:"فما تقول فيمن لم يدر لعله من الملائكة أو من الجن؟ قال: لا يسعه لأن هذا بمنزلة من لم يدر أرجل هو أو امرأة. قال: ولا يطلب إليه العلم بأنه من الانس في الجملة"	11
	286	وقالوا: إنهم لا يوصفون باللحم ولا بالدم ولا يأكلون ولا يشربون ولا يبولون ولا يتغوطون، فمن وصفهم بشيء من هذا فقد أخطأ في/ صفتهم، والخطأ في صفتهم شرك.	B: al-‘Adl wa al-Inṣāf A: Abū Ya‘qūb al-Warjilānī (d. 1157)	25	لا يوصفون بالتعب ولا بالشهوة، ولا بالذكورية ولا بالأنثوية، ولا بالجنون ولا بالطفولية، ولا باللحم ولا بالدم، ولا بالغائط ولا بالبول، ولا بالجوع ولا بالعطش، ومن	12

Comments	*Page*	*Its passage*	*The another work*	*Page*	*The Text in K. al-Tawḥīd II*	*N*
		وقالوا: من أخطأ في صفة الملائكة فهو مشرك لأنه جعل غير الملك ملكا.			وصفهم بشيء من هذا فقد أخطأ في صفتهم، وقد جعلوا الخطأ في صفة الملائكة شركاً لأنه جعل غير الملك ملكاً، والله أعلم.	
	64	المنكر لتفسير التوحيد منكر لجملة التوحيد ؛ كما أن الإيمان بجملته إيمان بتفسيره ، وكذلك الكفر بتفسيره كفر بجملته	B: Uṣūl al-Daynūna al-Ṣāfiya. (d. 896) A: ʻAmrūs b. Fatḥ	33	وفي بعض آثار أصحابنا رحمهم الله قال:"والايمان بجملة التوحيد إيمان بتفسيره، والإيمان بتفسيره إيمان بجملته، والكفر بجملته كفر بتفسيره، والكفر بتفسيره كفر بجملته،	13
	69v.17/	وَالْإِقْرَارُ بِجُمْلَةِ الدِّينِ إِقْرَارٌ بِتَفْسِيرِهِ وَالْإِقْرَارُ بِتَفْسِيرِهِ إِقْرَارٌ بِجُمْلَتِهِ، وَالْإِيمَانُ بِجُمْلَةِ الدِّينِ إِيمَانٌ بِتَفْسِيرِهِ، وَالْإِيمَانُ بِتَفْسِيرِهِ إِيمَانٌ بِجُمْلَتِهِ وَالتَّصْوِيبُ لِجُمْلَةِ الدِّينِ تَصْوِيبٌ لِتَفْسِيرِهِ، وَالتَّصْوِيبُ لِتَفْسِيرِهِ تَصْوِيبٌ لِجُمْلَتِهِ، وَالْعِلْمُ بِجُمْلَةِ الدِّينِ عِلْمٌ بِتَفْسِيرِهِ، وَالْعِلْمُ بِتَفْسِيرِهِ عِلْمٌ بِجُمْلَتِهِ، وَالْإِنْكَارُ لِجُمْلَةِ الدِّينِ إِنْكَارٌ لِتَفْسِيرِهِ، وَالْإِنْكَارُ لِتَفْسِيرِهِ إِنْكَارٌ لِجُمْلَتِهِ، وَالْكُفْرُ بِجُمْلَةِ الدِّينِ كُفْرٌ بِتَفْسِيرِهِ، وَالْكُفْرُ بِتَفْسِيرِهِ كُفْرٌ بِجُمْلَتِهِ، وَالْجَهْلُ لِجُمْلَتِهِ جَهْلٌ لِتَفْسِيرِهِ، وَالْجَهْلُ	B: Kitāb Sharḥ al-Nīl. A: Muḥammad al-Iṭfayīsh (d. 1914).	33	وفي بعض آثار أصحابنا رحمهم الله قال:"والايمان بجملة التوحيد إيمان بتفسيره، والإيمان بتفسيره إيمان بجملته، والكفر بجملته كفر بتفسيره، والكفر بتفسيره كفر بجملته، قال: والتفسير لا يكون عند من لم يكن عنده جملة التوحيد، وتكون الجملة عند من لم يكن عنده بعض التفسير، ولا تصح جملة التوحيد لمن لم يكن له ما لا يسع جهله من تفسير جملة التوحيد، وتفسير جملة التوحيد داخل في جملة التوحيد، ولا يقال جملة	14

Comments	Page	Its passage	The another work	Page	The Text in K. al-Tawḥīd II	N
		لِتَفْسِيرِهِ جَهْلٌ بِجُمْلَتِهِ، وَالتَّخْطِئَةُ بِجُمْلَةِ الدِّينِ تَخْطِئَةٌ لِتَفْسِيرِهِ، وَالتَّخْطِئَةُ لِتَفْسِيرِهِ تَخْطِئَةٌ بِجُمْلَتِهِ.			التوحيد داخلة في تفسيره فافهم ذلك." انتهى.	
	414/3	وَلَتَعْرِفَنَّهُمْ فِي لَحْنِ الْقَوْلِ } يعني بعللهم الكاذبة وما كانوا يعتذرون به من الباطل في الغزو ، وفيما يكون منهم من القول فيجحدونه ويعتذرون ويحلفون بالله { إِنْ أَرَدْنَا إِلاَّ الْحُسْنَى } [التوبة : 107] . ثم أخبره الله بهم ، فلم يخف على رسول الله صلى الله عليه وسلم بعد هذه الآية منافق ، وأَسَرَّهم رسول الله صلى الله عليه وسلم إلى حذيفة	B: Tafsīr al-Quran al-Ḥakīm. A: Hūd b. Muhakkam al-Hawārī (4th/10th century)	42	قوله:(ولتعرفنهم بسيماهم إلخ) الآية، أي بنعتهم، قال:"ولتعرفنهم في لحن القول، أي بعللهم الكاذبة، وما كانوا يعتذرون به من الباطل في العزوف مما يكون منهم من القول، فيجدونه ويعتذرون، ويحلفون بالله إن اردنا إلا الحسنى، ثم أخبره بهم فلم يخف عن رسول الله منافق بعد هذه الآية فأسرهم رسول الله إلى حذيفة".	15
	119	قال المؤلف: حب العباد لله عز وجل، إنما هو حب طاعته، لأن الله تعالى ليس بشخص، فيقع عليه الوهم، لكي يحب ما يقع عليه وهمه.	B: al-Nūr. A: ʻUthmān b. Abī ʻAbd Allāh al-Āṣamm. (7th/13th century)	45	، أقول: الله تعالى ليس بجسم فيقع عليه الوهم لكي يحب ما وقع عليه وهمه فليس محبة العبد لله كذلك	16

Comments	*Page*	*Its passage*	*The another work*	*Page*	*The Text in K. al-Tawḥīd II*	*N*
	168/3	أو هل يقال: علمه خلقه كما علم نفسه أو علم نفسه كما علمه خلقه، فهذا ثقيل	B: al-Dalīl wa al-Burhān A: Abū Yaʿqūb al-Warjilānī (d. 1157)	48	ولا يجوز : علم نفسه كما علمه خلقه، ولا علمه خلقه كما علم نفسه	17
	8	والقدرة امكان الشيء ونفي الاستصعاب والامتناع والتعذر وأن الشيء غير متأن عنه ولا معجوز	B: Radd ʿalā al-Mujassima. A: Abdullah b. Yazīd al-Fazārī (Brill, IHC, 106, 2014)	53	والقدرة في كلام الشيخ الفزاري -رحمه الله- ورضي الله عنه هي إمكان الشيء ونفي الاستصعاب والتعذر والامتناع، وأن الشيء غير متأنٍ ولا معجوز، والله أعلم.	18
	265/1	فإن قال: إن الله واحد، وأنت واحد؛ فما الفرق؟ قيل له: أنا واحد في الاسم أشياء في الحقيقة والله- سبحانه- واحد في الاسم، وواحد في المعني لا يجوز عليه التجزؤ، والقسمة، والتبعيض، لأنه يمكن أن أكون متفرقا بعد أن كنت مجتمعا، والله تعالى لا يجوز عليه ذلك؛ لأنه هو الخالق، والخالق لا يشبه المخلوق.	B: Manhj al-Ṭālibīn. A: Khamīs b. Saʿīd al-Shaqṣī (17th century)	55	فإن قال قائل: إذا قلت أن الله تعالى واحد وأنت واحد فما الفرق؟ قيل له: أنا واحد الاسم أشياء في الحقيقة لأن لي النصف والثلث والربع والعشر، والله واحد في الاسم واحد في المعنى لا يجوز عليه التجزئة والقسمة والتبعيض جل الله عن ذلك، وفرق آخر أنه جائز أن يرفع الله تعالى الاجتماع مني فأصير متفرقاً بعد أن كنت	19

Comments	Page	Its passage	The another work	Page	The Text in K. al-Tawḥīd II	N
					مجتمعاً والله تعالى لا يجوز عليه ذلك لأنه خالق، والخالق لا يشبه المخلوق،	
	61	فإن قال : ما معناك [الله] (1) عالمٌ ؟ فقل : ليس بجاهل.	B: Jahālāt A: Tabghūrīn b. ʿIsā al-Malshūtī. (6th/12th century)	56	قال المصنف -رحمه الله- في كتابه هذا:"فإن قال قائل ما معناك الله عالم؟ قيل: أعني أنه ليس بجاهل.	20
	6	فهل تثبت بنفي الجهل عند ضد ما نفيت قيل هذا الكلام يحتمل معنيين احدهما هل تثبته بصفة هي ضد صفة الجهل فنعم العالم على غير صفة الجاهل والمعنى الآخر هل تثبت ضد ما نفيت ان معنى هو علم هو ضد الجهل إذا عد العالم هو وذلك كان شيئين فهذا خطا لأن الأضداد لا تثبت في الله والأضداد إنما تثبت لمن تحل الأشياء في ذاته والله جل ثناؤه لا تحل الأشياء في ذاته فالمسئلة هل تثبت ضد ما نفيت خطأ.	B: Radd ʿalā al-Mujassima. A: ʿAbd Allah b. Yazīd al-Fazārī	56	وقال في العبارات:"فإن قال قائل: فهل يثبت بنفي الجهل عنه ضد ما نفيت؟ قيل: كلامك يحتمل معنيين؛ أحدهما: فعل تثبت بصفة هي ضد صفة الجهل فنعم العالم على غير صفة الجاهل، والمعنى الآخر: هل تُثبت ضد ما نفيت أن معنى يقال له هو ضد الجهل إذا عُدّ العالم هو، وذلك العلم صار شيئين فهذا خطأ، لأن الأضداد لا تثبت في الله، والأضداد تثبت لمن تحل الأشياء في ذاته، والله تعالى لا تحل الأشياء في ذاته، فالمسألة هل تثبت ضد ما نفيت خطأ، والله أعلم.	21

Comments	*Page*	*Its passage*	*The another work*	*Page*	*The Text in K. al-Tawḥīd II*	*N*
	194/2	ومقام يقيمونها فيه فلم يجدوه، لما كان الله في أزليته ليس معه شيء غيره، فلما لم يجدوا لما أقدموا عليه من القول بهذا مخرجا سقط في أيديهم، ورأوا أنهم قد ضلوا، فتجاسروا على القول بأنها حالة بالصانع جل جلاله، قائمة بذاته، تعالى الله عن ذلك علوا كبير. وما أنساني هؤلاء أن أذكرهم بالرد عليهم في موضعهم إلا الشيطان، وما عسى أن أرد عليهم بأقبح من مقالتهم، حيث زعموا أن الله جل جلاله محل للأشياء، وأثبتوا أن ذاته مقام للمعاني، وضاهوا بذلك قول اليعقوبية من النصارى، حين قالوا: إنها ثلاثة أقانيم	B: al-Mūjaz A: Abū ʿAmmār ʿAbd al-Kāfī (6th-12th century)	63	وقال صاحب الموجز رادا على الأشعرية في قولهم بالتعدد والتغاير والقيام بالذات ما نصه فلا ومقاماً يقيمونها فيه فلم يجدوه لما كان الله في أزليته ليس معه شيء غيره، فلما لم يجدوا مما أقدموا عليه من القول بهذا مخرجاً سقط في أيديهم ورأوا أنهم قد ضلوا، فتجاسروا على القول بأنها حالة بالصانع جل جلاله قائمة بذاته تعالى عن ذلك علواً كبيراً إلى أن قال وما عسى أن يرد عليهم بأقبح من مقالتهم حيث زعموا أن الله تعالى محل للأشياء، وأثبتوا أن ذاته محل للمعاني، وظاهروا بذلك قول اليعقوبية من النصارى انتهى، والله أعلم.	22
	131	وقد اختلف النّاس في معنى الشّيء وحقيقته . وقولنا الذي حفظناه عن أخيارنا رحمهم الله أنّ الشّيء والموجود والموصوف والمسمّى هو المعلوم أنّه كان أو يكون في وقتٍ مّا وإن كان فانيا. وما ليس بشيء فهو باطل وعدم.	B: Uṣūl al-Dīn A: Tabghūrīn b. ʿIsā al-Malshūtī (6th/12th century)	69	قال الفقيه تبغورين بن عيسى في وضعه: اختلف الناس في معنى الشيء وحقيقته وقولنا الذي حفظناه عن أخبارهم: أن الشيء والموجود والموصوف والمتسمى هو المعدوم أنه كان أو يكون في وقت ما، وإن	23

Comments	Page	Its passage	The another work	Page	The Text in K. al-Tawḥīd II	N
		والمعدوم على وجهين: معدوم فانٍ، ومعدوم يوجد			كان فانياً، وما ليس فهو عدم. قال: والعدم والمعدوم على وجهين؛ معدوم فانٍ ومعدوم يوجد	
	8/5	والكيفُ يجري على وجهين على الألوان، يقول: كيف هو؟ فيُقال: أحمر أصفرٌ. والثاني يجري على الحدود والأحداث، بأن يقول: كيف هو؟ فيقال: طويل عريضٌ صحيح سقيم.. فهذان الوجهان لا يجريان على الله عزَّ وجلَّ.	B: Ḥāshīyat al-Tartīb. A: Abū Sitta al-Sadawshkī. (d. 1677).	70	والكيف يجري على وجهين؛ على الألوان فيقول كيف هو؟ فيقال له: أحمر، أصفر، أبيض، وما أشبه ذلك. ويجري أيضا على الحدود والعرض والطول أن يقال كيف هو؟ فيقال: طويل عريض صحيح سقيم. وهذان الوجهان لا يجريان على الله.	24
	60	فإن قال : أخبرني عن الله أليس قد كان ولا شيء ثمّ أحْدث الأشياء هلْ هو معها وفيها ؟ فقل : نعم. إنّ الله قد شاء قبل كلّ شيء، والآخر بعد كلّ شيء يفْنَى. فإن قال : أخبرني عن الله إذْ كان ولاشيء ثم أحْدَثَ الأشياء أهو معها وفيها ؟ فقل : نعم. هو في الأشياء ومع الأشياء [ليس] (1) ككون الأشياء في الأشياء، وَلاَ كشيء مع شيء.	B: Uṣūl al-Dīn A: Tabghūrīn b. ʿIsā al-Malshūtī. (6th/12th century)	72	ومن بعض الآثار فإن قال أخبرني عن الله إذا كان قبل كل شيء ثم أحدث الأشياء فكان فيها ومعها أليس قد وصفته بالتحويل والتبديل، وأنه كان على ما لم يكن عليه قبل إحداثه الأشياء؟ بقولنا: أن الله تعالى كان قبل كل شيء والآخر بعد كل شيء يفنى؛ ومعنانا هو معها وفيها أنه مدبر لها ليس كونه فيها على الدخول والانتقال والزوال، ولا كونه معها	25

Comments	*Page*	*Its passage*	*The another work*	*Page*	*The Text in K. al-Tawḥīd II*	*N*
		فإن قال : إنّما سألتك إذْ كان ولا شيء ثُمّ أحْدثَ الأشياء فزعمتَ أنّه فيها ومعها، أليس قد وصفْتهُ بأنّه كان حيث لم يكن، وكان مع ما لَمْ يكن، فهذا غاية التّبديل والتّحويل، وحاشى لله من ذلك فالجواب في ذلك أنّ الله مع الأشياء بعد إحداثه إيّاهَا ليس كشيء مع شيء، وإنّما مَعْنَايَ فيها معها ، أنّه مشاهدٌ لها، ولم يغب عنه شيء لأنّ الله لا تُخفى عليه خافيةٌ، مشاهدٌ لكل شيء وعالم بكلّ شيء .			على المجامعة والالتصاق بها تعالى عن ذلك كله، والله أعلم.	
	9/5	فإن قال: فكيف يعتقد قلبي ما لا يدركه وينطوي على ما لا يكيِّفه؟ قيل له: أتقدر على تكييف روحك وعقلك وفعلك وصحَّتك وحياتك، وسائر المخلوقات المركَّبة فيك من الغضب والحزن والفرح وسائرها؟ أم تقدر على وصف شيءٍ من ذلك؟ فإن وصفت شيئًا من هذه الأشياء بكيفية تدلُّ عليها كابرت عقلك، وإن أقررت بالعجز عن	B: Ḥāshīyat al-Tartīb. A: Abū Sitta al-Sadawshkī. (d. 1677).	73	فإن قال قائل: كيف يعتقد قلبي ما لا يدركه، وينطوي على ما يكيفه؟ قيل له: أتقدر على تكييف عقلك وروحك وفعلك وصحتك وبحياتك وسائر المخلوقات المركبة فيك من الغضب والحزن والفرح وسائرها؟ أم تقدر على وصف شيء من ذلك؟ فإن وصفت شيئاً من هذه الأشياء تكيفت تدل عليها كافرة عقلك، وإن	26

Comments	*Page*	*Its passage*	*The another work*	*Page*	*The Text in K. al-Tawḥīd II*	*N*
		تكييف المخلوق الذي له أمثال فكيف بمن ليس كمثله شيءٌ أن تشبهُه صنعتُه؟ والصنعةُ لا تشبه الصانع علمًا عقليًّا لا سبيل إلى دفعه. اهـ			أقررت بالعجز عن تكييف المخلوق الذي له أمثال فكيف بمن ليس كمثله شيء أن تشبهه بصنعة!والصنعة لا تشبه الصانع علماً عقلياً لا سبيل إلى دفعه، وبالله التوفيق.	
	8/5	فإن قال قائلٌ: من أيِّ السبُل يُعرَف؟ قيل له: إنَّما يُعرف بالدلائل الدالَّة على ربوبيَّته ولا يُعرف من جهة ما يُعرف الخلقُ. لأنَّ الخلقَ إنَّما يَعرف كلَّ شيءٍ منهم من قبيل سبيله؛ فالخلقُ كلَّه خمسة أصناف؛ صنفٌ منه الألوان وسبيلها الذي تُعرف هي الأبصار، وصنفٌ منه الأصوات وسبيلها الأسماع، وصنفٌ منه الطعوم وسبيلها الأذواق، وصنفٌ منه الأرياح وسبيلها الأشمام، وصنفٌ منه الملموسات وسبيلها الألماس - لعلَّه اللَّمس-. فهذه الأشياء تُعرف من هذه الأسباب، فإن أدركت الأشياء المختلفة من قِبَل هذه الأسباب فهذه دلائل	B: Ḥāshīyat al-Tartīb. A: Abū Sitta al-Sadawshkī. (d. 1677).	73	فإن قال قائل: من أي السبيل يعرف الله؟ قيل له: إنما يعرف الله بالدلائل والعلامات الدالة على وجوده وربوبيته ووحدانيته، ولا يعرف من قبيل ما يعرف به الخلق، لأن الخلق إنما يعرف كل صنف منهم من قبيل سبيله، فالخلق كله خمسة أصناف؛ صنف منه الألوان وسبيله الذي يعرف به الإبصار، وصنف منه الأصوات وسبيله الذي يعرف به الأسماع، وصنف منه الروائح وسبيله الذي يعرف به الأشمام، وصنف منه الطعوم وسبيله الذي يعرف به الأذواق، وصنف منه الحرارة والبرودة والليونة والخشونة وسبيله الذي يعرف به اللمس، فإن الأشياء	27

Comments	Page	Its passage	The another work	Page	The Text in K. al-Tawḥīd II	N
		على معرفة الرحمن الرحيم الذي ليس كمثله شيءٌ. أمَّا الأسباب التي تدرك بها الدلائل فلا يدرك الربُّ تعالى بها، وذلك لأنَّ البصر ليس له إليه سبيلٌ لأنَّه تعالى ليس بلونٍ، وإنَّما سبيل البصر إلى اللون خاصَّة، وسبيل السمع إلى الصوت خاصَّة وليس هو بصوتٍ، وسبيل الذوق إلى الطعم خاصَّة والله تعالى ليس بطعمٍ، وسبيل الشمّ إلى الرائحة والله تعالى ليس كذلك، وسبيل اللمس إلى الليانة والخشونة والحرارة والبرودة، فليس هو بشيءٍ من هذه الأشياء، تعالى الله عن ذلك علوًّا كبيرًا، وإنَّما يُعرف ربُّنا بالآيات ويثبت بالعلامات التي جعلها في كبير الخلق وصغيره الدالة على ربوبيته ووحدانيته.			تعرف من هذه الأسباب أدركت الأشياء المختلفة من قبيل هذه الأسباب فهذه دلائل على معرفة الرحمن[1] الذي ليس كمثله شيء. وأما الأسباب التي تدرك بها الأشياء فلا يدرك بها الرب تعالى؛ وذلك لأن البصر ليس له سبيل لأنه ليس بدون وإنما سبيل البصر إلى الألوان خاصة، وسبيل السمع إلى الصوت خاصة وليس الله تعالى بصوت، وسبيل الذوق إلى الطعم خاصة والله ليس بطعم، وسبيل الشم إلى الريح خاصة والله ليس بريح، وسبيل اللمس إلى اللياقة والخشونة والحرارة والبرودة فليس هو بشيء من هذه الأشياء تعالى الله عن ذلك علواً كبيراً. وإنما يعرف ربنا بالدلائل والعلامات التي جعلها في كبير الخلق وصغيرة، الدالة	

(1) الرحمن: الرحمان، الأصل)

Comments	*Page*	*Its passage*	*The another work*	*Page*	*The Text in K. al-Tawḥīd II*	*N*
					على ربوبيته ووحدانيته.	
	243/2	وإنما هذا من الرموز على الزيدية خاصة؛ لأنَّهم يتعاطون المناظرة، ومضاهاة الإباضية في مذاهبهم، فلست أعلم لهم خلافاً إلاَّ في ثلاثة أمور: قولهم في الإمامة بالأولى، مع تركهم التخطئة لكل من ولي، ثمَّ تجويزهم لعلي تحكيم الحكمين، وقولهم بتشريك أهل التأويل ممن يزعم أنَّ الله يرى يوم القيامة، على مقالة طائفة من الإباضية في التشريك	B: al-Mūjaz A: Abū ʻAmmār Abd al-Kāfī (6th-12th century)	79	وفي الموجز قال: فإنما هذا من الرموز على الزيدية خاصة لأنهم يتعاطون المناظرة ومضاهات الإباضية في مذاهبهم، وليس أعلم لهم خلافاً إلا في ثلاثة أمور قولهم في الإمامة أن علياً أولى بها مع تركهم الخطيئة لولاية أبي بكر وعمر وعثمان أن علياًّ سلم له حقه،وتجويزهم لعلي تحكيم الحكمين، وتشريكهم المتأولين من أهل القبلة على ما قاله أئمة من الأباضية انتهى.	28
	59	يسمونهم بالإيمان أحياناً ثم يلعنونهم أحياناً بلا علمٍ بموقع اللعنة ، ويستغفرون لهم ويتولونهم بلا علم بموقع الاستغفار ، ويستحلون من أوليائهم ومن مخالفهم أحياناً ما يحرمون أحياناً.	B: Uṣūl al-Daynūna al-Ṣāfiya. A: ʻAmrūs b. Fatḥ(d.896)	81	قال في أثر ثم يسمونهم بالإيمان أحياء ثم يلعنونهم أحياناً بلا علم منهم بوضع الشتم، ويستغفرون لهم ويتولونهم بلا علم بموضع الاستغفار، ويستحلون من أوليائهم ومن خالفهم أحياناً،[و] قد يحرمون أحيانا والله أعلم.	29

Comments	*Page*	*Its passage*	*The another work*	*Page*	*The Text in K. al-Tawḥīd II*	*N*
	55	، وذلك أنّ الكبائر - عندنا وعند هؤلاء الذين ذكرناهم أنّهم يتبرّأون منها بالرأي - ما جاء فيه النصّ أنّه كبيرة أو وجب فيه الحدّ أو فسّق [الله] أهلَه/ أو وعد الله عليه النّار، أو ما أصابت به مُثْلَةً في الدنيا. أو ما ناظر هذه الوجوه أو ما هو أعظم منه	B: al-Radd ʿalā jamīʿ al-mukhālifīn. A: Abū Khazr Yaghlā b. Zaltāf. (d.990)	83	وفي أثر قال: والكبائر ما جاء فيه النص أنه كبيرة أو وجب فيها الحدَّ أو فسق أهله أو وعد الله عليها النار أو ما أصابت به مثلت في الدنيا أو ما ناضر هذه الوجوه أو ما هو أعظم منها، والله أعلم.	30
	165/2	ونوع آخر من صغائر الذنوب يكفر صاحبها الإصرار عليها ولا يكفر بركوبها ، وذلك مثل الرفسة والركضة والنخسة والوجية والكذبة ما لم يكن بها إنكار حق لأحد ، والنية للمعصية والحب لها والرضا بها والأمر بها ما لم يفعلها المأمور ،	B: Manhj al-Ṭālibīn. A: Khamīs b. Saʿīd al-Shaqṣī (17th century)	85	صغائر الذنوب مثل الرفسة والنخسة والركضة والوجبة والكذبة إذا لم يكن فيها أنكار حق لأحد والنية للمعصية والحب لها والرضا بها ما لم يفعلها المأمور	31
	305/2	وقِيلَ: إنَّ صغائر الذنوب، مثل: الرفسة والنخسة والركضة والوجية والكذبة ما لَمْ يكن بِها إنكار حقٍّ لأحد. والنيَّة للمَعصِيَة والحُبّ والرضا بِها، والأمر بِها ما لَمْ يفعلها المْأمور،	B: Mʿārij al-Āmāl. A: Nūr al-Dīn al-Sālimī (d. 1914).	85	صغائر الذنوب مثل الرقصة والنخصة والركضة والوجأة والكذبة إذا لم يكن فيها أنكار حق لأحد والنية للمعصية والحب لها والرضا بها ما لم يفعلها المأمور	32

Comments	*Page*	*Its passage*	*The another work*	*Page*	*The Text in K. al-Tawḥīd II*	*N*
	48/5	ونوع آخر منها في الأموال مثل من أخذ من مال غيره حبة أو حطبة، أو خلالة أو نباتة، أو لبس ثوبا، أو ركب دابته، أو استعمل خادمه عملا يسيرا أو كثيرا، أو استعار شيئا، فاستعمله بغير ما استعاره له، أو وطئ في حرث قوم، فأتلف شيئا منه بوطئه، أو قعد على سرير غيره، أو كتب من دواة غيره أو قلمه أو قص بمقص غيره، أو رقعة قرطاسه، أو استقى بدلو غيره، أو هاس بهيسه، أو زجر على دابته، أو شرب من إنائه. فكل هذا وما أشبهه مما أصابه معرفون بالمنع له من صغائر الذنوب، وإنما يكفر فاعلها بالإصرار عليه	B: Biyān al-Sharʿ A: Muḥammad b. Ibrāhīm al-Kindī (d. 1115)	85	وصغائر أخر في الأموال مثل من أخذ من مال غيره حبة أو حصيرا وخلالاً أو نباتة أو لبس ثوبه وركب دابته أو استعمل خادمه عملاً يسمى أو كثيرا أو استعار شيئاً فاستعاره لغيره ما استعاره أو وطئ في حرث قوم فأتلف شيئاً بوطئه أو قعد على سرير غيره أو على حصيرة غيره أو كتب بدرايته بغير إذنه أو بقلمه أو في قطعة من قرطاسه أو يستقي بدلوه أو زجر على دابته أو شرب من إنائه فكل هذا أو ما يشبهه مما أصحابه معروفون بالمنع له وما كان مثله على هذا الذي وصفنا بينه وبين العباد، فما كان فيه الأرش فليعطه لهم وما لم يكن فيه أرش فليخرج منه إليهم بأدائه؟ أو توسع أو يرضيهم بما قدر عليه حتى يخرج منه مع التوبة، وما كان منها بينه وبين الله فيستغفر الله ويتوب منه، فهذا ومثله يكفر صاحبه بالإصرار عليه ولا يكفر بفعله،	33

Comments	Page	Its passage	The another work	Page	The Text in K. al-Tawḥīd II	N
	165/2	ونوع آخر من صغائر الذنوب يكفر صاحبها الإصرار عليها ولا يكفر بركوبها ، وذلك مثل الرفسة والركضة والنخسة والوجية والكذبة ما لم يكن بها إنكار حق لأحد ، والنية للمعصية والحب لها والرضا بها والأمر بها ما لم يفعلها المأمور ، فهاذ وما كان مثله علىهذا الذي وصفناه بينه وبين العباد ، فما كان من أرش أداه إليهم وما لم يكن فيه أرش فعليه أن يخرج منه مع التوبة ، وما كان منه بينه وبني الله فيستغفر الله منه ويتوب إليه منه ، ونرجو له المغفرة ، فهذا ومثله إنما يكفر صاحبه بالإصرار عليه ولا يكفره فعله . ومن أصر عليه ومنع التوبة وادعى المغفرة على ترك التوبة وهو عالم به أكفره إصراره ،ومن نسي ما بينه وبين الله مما وصفناه وهو ممن يدين بالتوبة وتاب واستغفر في الجملة أجزاه ذلك .	B: Manhj al-Ṭālibīn. A: Khamīs b. Saʿīd al-Shaqṣī (17th century)	86	وفي المنهاج: صغائر الذنوب مثل الرقصة والنخصة والركضة والوجبة والكذبة إذا لم يكن فيها أنكار حق لأحد والنية للمعصية والحب لها والرضا بها ما لم يفعلها المأمور، وصغائر آخر في الأموال مثل من أخذ من مال غيره حبة أو حصيرا وخلالاً أو نباتة أو لبس ثوبه وركب دابته أو استعمل خادمه عملاً يسمى أو كثيرا أو استعار شيئاً فاستعاره لغيره ما استعاره أو وطئ في حرث قوم فأتلف شيئاً بوطئه أو قعد على سرير غيره أو على حصيرة غيره أو كتب بدرايته بغير إذنه أو بقلمه أو في قطعة من قرطاسه أو يستقي بدلوه أو زجر على دابته أو شرب من إنائه فكل هذا أو ما يشبهه مما أصحابه معروفون بالمنع له وما كان مثله على هذا الذي وصفنا بينه وبين العباد، فما كان فيه الأرش فليعطه لهم وما لم يكن فيه أرش فليخرج منه إليهم بإدائه؟؟ أو توسع أو	34

Comments	*Page*	*Its passage*	*The another work*	*Page*	*The Text in K. al-Tawḥīd II*	*N*
					يرضيهم بما قدر عليهم حتى يخرج منه مع التوبة، وما كان منها بينه وبين الله فيستغفر الله ويتوب منه، فهذا ومثله يكفر صاحبه بالإصرار عليه ولا يكفر بفعله، ومن أصر عليه وتبع الشهوات ومنع التوبة وادعاء بغيره على ترك التوبة وهو عالم به أكفره إصراره، والإصرار هو الاستخفاف بالذنوب والامتناع من التوبة، ومن نسي ما بينه وبين الله وهو ممن يدين بالتوبة وتاب واستغفر في الجملة أجزاهم.	

Chapter Four

Epilogue

Our most significant conclusions from the previous three chapters of this study may be summed up as follows:

1 - The theological texts by al Fazārī - the earliest of the Muslim theologians - are still among the most reliable and accessible to scholars and this one is a major new addition to his previous texts published by Brill (IHC. 104/IHC. 182). Of the Islamic personalities from the beginning of the *'ilm al kalām* period, he is the most authoritative and his writings are the best qualified to be studied in a methodical manner. Many of the theological issues he covers, including their complex concepts and terminology, reflect the depth of his knowledge of *'ilm al- kalām* as well as the brilliance of his literary style and the dexterity with which he sets out his arguments. Consequently, although he was writing in the mid 2nd/8th century, the impression we get from reading him and the books of the "*firaq*" is that he was ahead of his time in comparison with his contemporaries. That is why he has attracted the interest of modern *'ilm al-kalām* scholars, particularly since his writings on topics such as *tajsīm* and *tashbīh* (Anthropomorphism), the Divine Attributes (*ṣifāt*), including *ṣifāt al- dhāt* (attributes of essence) and *ṣifāt al- fi'l* (attributes of action), and the question of *qadar*, deal with most of the issues that were discussed during his day.

2 - Our study offers students of Islamic theology *kalām* a simplified and comprehensive introduction to the way each school's ideas developed from the beginning of its formative stage. It shows how their ideas and deductions are interrelated and the quotes from the texts (which illustrate their semantic content and terminology and have been selected to represent the picture over an extensive time period) demonstrate the influence of the early 2nd/8th century text on later scholars up to the beginning of the 20th century. In doing so we have tried to take two points into consideration: Firstly, the factors that helped shape and develop *'ilm al kalam* are many and varied; however, while the sacred status of the Qur'anic text has made it an authoritative point of reference for all the Islamic groups "*firaq*" - when applying *tafsir* (interpreting the meaning) to its verses and extrapolating its theological implications - there is considerable divergence in *tā'wīl* (interpretation with connotations) and philological opinions, even within a single school of theology. Secondly, every Islamic theological school *kalām* has a large number of different approaches to matters of belief and when scholars find themselves baffled they usually resort to classifying it under the headings of "early members of the school" and "late members" in their attempts to identify the concepts and trace the evolution of the theological ideas under consideration. This is the same system of classification that has been followed since Ibn Khaldun when he designated the Ash'arite school's theology under the headings of "early" and

"late", and it helps us to understand the theological aspects of each school and why particular quotes were chosen.

3 - Most of these quotes are taken from recently published Ibadi studies and illustrate the first stages of the Ibadi school's formation in Basra-Kufa. In one way or another they support Van Ess and Daiber's theory of the evolution of Islamic scholastic theology - or the origins of Islamic *'ilm al kalam* - and indicate that it developed through debates between Muslim scholars over the theological approach to *tā'wīl* interpretation of the verses of the Qur'an. In other words, contrary to what some people believe, it did not emerge out of Christian, Jewish, Hellenistic or Zoroastrian influences on Islamic beliefs.[1]

While this study may give an acceptable picture of Islamic beliefs and ideas over a period of twelve centuries, it is also true that, generally speaking, less attention has been given to the study of Ibadi *kalām* than to the theology of other *firaq* such as the Mu'tazilites, Ash'arites and Twelver and Zaydi Shiite. Consequently, there would appear to be some missing links. However, Pierre Cuperly's extensive study of the texts on Ibadi Islamic beliefs in North Africa throws significant light on the ideas that were discussed, as well as on how the texts were written and the amendments that were made to them. The present study has benefited considerably from his historical and philological analysis.

4 - The addition of this text to al -Fazārī's previously discovered writings provides us with further information about the early Ibadis' theological views; more importantly, however, it also enables us to trace the development of the terminology they used and understand how and why it changed, as well as the intellectual aspects of the Islamic theological debates during the 2nd/8th century. This study successfully establishes that the opinions of this Ibadi school of theology have remained the same from one generation to the next - among the eastern Ibadis in Oman, Yemen and Hadhramawt as well as the western Ibadis in North Africa. It refutes previous speculation which maintained that al Fazārī's views were on the decline in Ibadi circles from the middle of the 5th/11th century, since the evidence shows that the precise opposite was the case.

1 van Ess, J., "The Beginning of Islamic Theology," in J.E. Murdoch & E.D. Sylla (eds.), *The Cultural Context in Medieval Learning* , (Dordrecht/Boston: D. Reidel Publishing Company, 1975), pp. 87-111; Id., "Disputation praxis in der Islamischen Theologie: Eine vorläufiqe Skizze," in REI, 44 (1976), pp. 23-60; Id., "Early Development of *Kalām*," in G.H.A. Juynboll (eds.), *Studies on the First Century of Islamic Society*, (Carbondale & Edwardsville: Southern Illinois University Press, 1982), pp. 109-123; Id., *Theologie und Gesellschaft*; Daiber, H., *Das theologisch-philosophische System des Mu'ammar ibn 'Abbād as-Sulamī (gest. 830 n. Chr.)*, (Beirut: Orient Institut der deutschen morgenländischen Gesellschaft), 1975, pp. 6-7.

Bibliography

1- Primary Sources

Aṣamm, Abū ʻAbd Allāh ʻUthmān b. Abī ʻAbd Allāh, *K. al-Nūr*, Muscat: MNHC, 1984.

al-Darjīnī, Abū al-ʻAbbās Aḥmad b. Saʻīd, *Ṭabaqāt al-Mashāikh bi l-Maghrib*, (ed.,) Ṭalāy Ibrāhīm, Constantine, 1979. (2 vols).

al-Hawwārī, Hūd b. Muḥakkim (Muḥkim), *Tafsīr Kitāb Allāh al-Azīz li-Hūd b. Muḥakkam al-Huwwārī*, (ed.,) Bālḥājj b. Saʻīd Sharīfī. 4 vols. Beirut: Dār al-Gharb al-Islāmī, 1990.

Iṭfayyish, Muḥammad b. Yūsuf, *Sharḥ K. al-Nīl wa-Shifā' al-ʻAlīl*, Jeddah: Makt. al-Irshād, 1405/1985. (17 vols)

Iṭfayyish, Muḥammad b. Yūsuf, *K. al-Jāmiʻ al-Ṣaghīr li-Maʻ ānī al-Wadʻ wa-Ḥāshiyatuhu fī 'l-Fiqh al-Shahīr*, Muscat: MNHC, 1406/1986. (3vols)

Kindī, Abū ʻAbd Allāh Muḥammad b. Ibrāhīm b. Sulaymān, Bayān al-Sharʻ, Muscat: MNHC, 1982-1993, (71 vols. in 46 bindings).

al-Mālikī, Abū Mālik ʻĀmir b. Khamīs, *Ghāyat al-Maṭlūb fī 'l-Athar al-Mansūb*, (ed.,) Badr b. Sālim b. Ḥamdān al-ʻAbrī, Muscat: Maktabat al-Jīl al-Wāʻid, 1433/2012.

al-Malshūṭī,Tibghūrīnb. Īsā b. Dāwud, *K. al-Jahālāt*, (ed.,) ʻAmir Wannīs, Muscat, n.d.

al-Malshūṭī, Tibghūrīnb. ʻĪsā b. Dāwud, Uṣūl al-Dīn aw al-Uṣūl al-ashara inda 'l-Ibāḍiyya li 'l-Shaykh Tibghūrīn b.Dāwūdb. Īsā al-Malshūṭī, (ed.) ʻĀmir Wannīs al-Ṭāhir:, Muscat:Makt.al-Jīlal-Wāid, 2005.

al-Masākanī, Abū Ḥafṣ ʻAmrūs b. Fatḥ, *K. Uṣūl al-Daynūna al-Ṣāfiya. Ta'līf al-Shaykh Abī Ḥafṣ ʻAmrūs b. Fatḥ al-Nafūsī (d. 283/896)*, (ed.,) Ḥājj Aḥmad b. Ḥammū Karrūm, Muscat: MNHC, 1999.

al-Maqrīzī, Abū al-ʻAbbās Aḥmad b. ʻAlī b. ʻAbd al-Qādir, *al-Mawāʻiẓ wa al-Iʻtibār bi Dhikr al-Khiṭaṭ wa al-Āthār*, Cairo, 1968.

al-Nadīm, Muhammad b. Isḥāq, *Al-Fihrist*. Leipzig, 1871-2.

al-Rustāqī, Khamīs b. Saīd b. Alī al-Shaqṣī, *Manhaj al-Ṭālibīn wa-Balāgh al-Rāghibīn*, ed., Sālim b. Ḥamad al-Ḥārithī, Muscat: MNHC, 1979-1984. (20 vols).

Sālim b. Yaʻqūb, *Tārīkh Jarba wa ' Ulamāihā al-Ibāḍiyya*, Tunis: no publisher, 2009.

al-Sālimī, Abū Muḥammad Nūr al-Dīn ʻAbd Allāh b. Ḥumayid, *Bahjat al-Anwār, Sharḥ Anwār al-Uqūl fī 'l-Tawḥīd*, Muscat: Maktabat. al-Istiqāma, 2003.

al-Sālimī, Abū Muḥammad Nūr al-Dīn ʻAbd Allāh b. Ḥumayid, *Maʻārij al-Āmāl ʻ alā Madārij al-Kamāl bi-Naẓm Mukhtaṣar al-Khiṣāl*, (ed.,) Sulaymān. b. Ibrāhīm Bābāzīz al-Wārijlānī; Dāwud b. ʻUmar b. Mūsā Bābazīz; Ibrāhīm b. ʻAlī Būlrawāḥ; Ḥamza b. Sulaymān al-Sālimī. Wilāyat Biddiyya: Makt. al-Imām al-Sālimī, 2008. (5 vols).

al-Sālimī, Abū Muḥammad Nūr al-Dīn ʻAbd Allāh b. Ḥumayid, *Mashāriq Anwār al-Uqūl*, (ed.,) ʻAbd al-Raḥmān ʻUmayra and commentary by Sh. Aḥmad b. Ḥamad al-Khalīlī (Muftī of Sultanate Oman). Beirut: Dār al-Jīl, 1989. (2 vols).

al-Sidwīkishī, Muḥammad. ʻAmr b. Abī Sitta, *Ḥāshiyat al-Tartīb*, (ed.,) Ṭalāy Ibrāhīm, Constantine, 1979. (5 vols).

al-Siyar wa al-Jawābāt, (ed.,) by Sayyida Kāshif Ismāʻīl. M. N. H. C. Muscat. 1984. (2 vols).

al-Warjlānī, Abū ʻAmmār ʻAbd al-Kāfī b. Abī Yaqūb b. Ism. al-Tanāwutī, *K. al-Mūjaz fī Taḥṣīl al-Su'āl wa-Takhlīṣ al-Ḍalāl*. [Published: Arā' al-Khawārij al-Kalāmiyya. Al-Mūjaz li-Abī Ammār Abd al-Kāfī al-Ibāḍī.] ed., ʻAmmār Ṭālibī, (2 vols). Algiers: al-Sharika al-Waṭaniyya li'l-Nashr wa'l-Tawzīʻ, 1978.

al-Warjlānī, Abū Yaʻqūb Yūsuf b. Ibrāhīm, *K. al-ʻAdl wa 'l-Inṣāf fī Maʻrifat Uṣūl al-Fiqh wa 'l-Ikhtilāf*. (2 vols). Muscat: MNHC, 1404/1984.

al-Warjlānī, Abū Ya'qūb Yūsuf b. Ibrāhīm, *K. al-Dalīl li-Ahl al-Uqūl li-Bāghī 'l-Sabīl bi-Nūr al-Dalīl li-Taḥqīq Madhhab al-Ḥaqq bi 'l-Burhān wa'l-Ṣidq*, Cairo: al-Maṭb'a al-Bārūniyya, 1306/1888-9. Lith., 3 parts in 1 volume.

al-Wisyānī, Abū Khazr Yaghlā b. Zaltāf, *al-Radd 'alā Jamī' al-Mukhālifīn (al-Khawārij-al-Murji'a-al-Mu 'tazila)*, (ed.,) 'Amr Khalīfa al-Nāmī/Enammi. Prepared for publication by al-Ḥājj Sa 'īd Mas'ūd b. Ibrāhīm and Aḥmad b. Ḥammū Karrūm. Muscat: Makt. al-Ḍāmirī, 2008.

2- Secondary Sources

Cherbonneau, M., Documents inédits sur l'hérétique Abou-Yezid Mokhalled Ibn Kaidad de Tademket, traduits de la chronique d'Ibn Hammad. *Journal Asiatique* (Paris), 4e série tome 20, (1852), 470-510.

Cherbonneau, M., Documents historiques sur l'hérétique Abou-Yezid-Mokhalled-Ibn-Kidad de Tademket, traduits de la chronique d'Ibn-Hammad. *Revue Africaine* (Algiers), vol. 13, nr. 78 (Nov. 1869), 425-453.

Cuperly, P., *Introduction à l'Etude de l'Ibāḍisme et sa Theologie*, Algiers [1984]; reprint Paris 2018.

Crone, P. and F. Zimmermann, *The Epistle of Sālim b. Dhakwān*, Oxford 2001.

Custers, M.H., Ibāḍī publishing activities in Cairo, c. 1880-1960s, in Bauden, F. (ed.), *Ultra mare : Mélanges de langue arabe et d'islamologie offerts à Aubert Martin* (Association pour la Promotion de l'Histoire et de l'Archéologie Orientales (A.P.H.A.O.), Mémoires 3), Louvain, Paris and Dudley, MA 2004, 109-163.

Custer, M. H., *al-Ibadiyya bibliography*, 3 volumes, 2nd edition, Olms Verlag, 2016.

Despois, J., *Jarīd*, in *EI²*, II, 462-4.

J. Despois, J., *Djarba*, in *EI²*, II, 458-461.

Francesca, Ersilia, The Formation and Early Development in the Ibāḍī Madhhab, in: *Jerusalem Studies in Arabic and Islam* 28 (2003) 260–277.

al-Ja'bīrī, F., *Niẓām al-'Azzāba ' inda al-Ibāḍiyya al-Wahbiyya fī Jarba*, p. 317-9, Tunis: Institut National d' Archéologie et de Art, 1975.

al-Ja'bīrī, F., *Malāmiḥ 'an il-Ḥaraka al-'Ilmiyya 'inda l-Ibāḍiyya bi-Jarba min al-Fatḥ al-Islāmī Sanat 47 H. ilā Awākhir al-Qarn al-thānī 'ashar Hijrī*, In Actes du colloque sur histoire de Jerba, (Avril 1982), p.25-31, Tunis 1986.

Hurvitz, N., 'Schools of Law and Historical Context: Re-examining the Formation of the Ḥanbalī Madhhab', *Islamic Law and Society* 7/1 (2000), 37–64.

Hallaq, W. B., 'From Regional to Personal Schools of Law? A Reevaluation', *Islamic Law and Society* 8/1 (2001), 1-26.

Lewicki, T., *Nukkār*, in *EI²* VIII, p.112-114

Lewicki, T., *Ḥalqa*, in *EI²*, III, 95-9.

Love, P.M. Jr., *Ibadi Muslims of North Africa: Manuscripts, mobilization, and the making of a written tradition*, Cambridge 2018.

Love, P.M. Jr., Ibāḍīs on (and in) the margins: Manuscript notes from the Buffalo Agency in early modern Cairo, in *Journal of Islamic Manuscripts* 9.2-3 (2018), 225-241.

Madelung, W., *Streitschrift des Zaiditenimams Aḥmad an-Nāṣir wider die ibaditische Prädestinationslehre*, 2-18, Wiesbaden (Orient-Institut der Deutschen Morgenlandischen Gesellschaft, Beirut).1985.

Madelung, W., 'Abd Allāh b. Yazīd al-Fazārī's rebuttal of the teaching of Ibn 'Umayr, in Mühlethaler, L., S. Schmidtke, and G. Schwarb (eds.), *Theological rationalism in medieval Islam: New texts and perspectives*, Leuven 2018, 9-21.

Madelung, W., 'Isā ibn 'Umayr's Ibadi theology and Donatist Christian thought, in Hansberger, R., M. Afifi al-Haytham, and C. Burnett (eds.), *Medieval Arabic thought: Essays in honour of Fritz Zimmermann*, London 2012, 99-104.

Madelung, W., "Aqwāl Qatāda and the Shu'aybiyya and Nukkār", *Ibāḍī Jurisprudence. Origins, Developments, and Cases,* ed. Barbara Michalak-Pikulska and Reinhard Eisener, Hildesheim-Zurich-New York: Olms Verlag, 2015, p. 25-29

Mérimi, M and al-Ḥīlātī, S, information historique et les structures du pouvoir ibadhite à Djerba. In: S. Bargaoui and H. Remaoun: (coord.) *Savoirs historiques au Maghreb. Construction et usages*. Oran: Éditions CRASC, 2006, 37-47.

Monchicourt, Charles, Expédition espagnole de 1560 contre île de Djerba. (Essai bibliographique – Récit de expédition, documents originaux). Paris: Leroux, 1913, (ii, 272, iii pp., 13 ill)

Modarressi, H, *Mutual Understanding and Harmonious Relations between Ibāḍī and Shī'ite Communities in 2nd /8th -Century Iraq*, in *Local and Global Ibadi Identities*, ed., YOHEI KONDO and *ANGELIKI ZIAKA*., p. 33-40, Georg Olms Verlag, 2019.

Nallino, C.A., Sull'origine del nome dei Muctaziliti. *Rivista degli Studi Orientali* (Rome), 7 (1916-1918), 429-454.

Nallino, C.A., Rapporti fra la dogmatica muctazilita e quella degli Ibāḍiti dell'Africasettentrionale. *Rivista degli Studi Orientali* (Rome), 7 (1916-1918), 455-460.

al-Salimi, A., "Themes of the Ibāḍī/Omani Siyar", *Journal of Semitic Studies* 54 (2009): p. 475-514;

al-Salimi, A., Early Ibāḍī creed in the 2nd/8th century: A study of Wā'il b. Ayyūb's 'nasab al islam' (The lineage of Islam), in *MW* 105.2 (2015), 194-208.

al-Salimi, A. and W. Madelung (eds.), *Early Ibāḍī Theology: Six kalām texts by 'Abd Allāh b. Yazīd al-Fazārī* (Islamic History and Civilization, 106), Leiden 2014.

al-Salimi, A., *Early Islamic Law in Basra*, Leiden: Brill, 2017.

Schwartz, W., *Die Anfänge der Ibaditen in Nordafrika: Der Beitrag einer islamischen Minderheit zur Ausbreitung des Islams* (Studien zum Minderheitenproblem im Islam, 8), Wiesbaden 1983.

Stern, S.M., *Abū Yazīd Makhlad b. Kaydād al-Nukkārī*, in *EI²*, i, 163-164.

Ulrich Rebstock, *Die Ibāḍiten im Maghrib (2/8-4/10 Jh.): die Geschichte einer Berberbewegung im Gewand des Islam*, Berlin: Schwarz, 1983.

van Ess, J., *Theologie und Gesellschaft im 2. und 3. Jahrhundert der Hidschra*, Berlin 1991-1997.

Veccia Vaglieri, Laura, Il conflitto 'Alī-Mu'āwiya e la secessione khārigita riesaminatialla luce di fonte ibāḍite, *Annali dell'Istituto Universitario Orientale di Napoli*, N.S. 4 (1952), 1-94.

Veccia Vaglieri, Laura, Traduzione di passi riguardanti il conflitto 'Alī-Mu 'āwiya e la secessione khārigita dal *Kitāb al-Jawāhir* di al-Barrādī, *Annali dell'Istituto Universitario Orientale di Napoli*, N.S. 5 (1953), 1-98.

Wilkinson, J.C., *Ibāḍism: Origins and early development in Oman*, Oxford 2010.

Indexes

الفهارس

فهرس السور القرآنية

Index of Quranic verses

فهرس الأحاديث والآثار والقواعد

Index of Prophet Tradition and Legal Maxims

فهرس الأشعار

Index of Poems

فهرس الأعلام

Index of Personal Names

فهرس الطوائف والقبائل

Index of Tripes and Sects

فهرس الكتب

Index of Books

فهرس البلدان والأماكن

Index of Places and Countries

فهرس المصطلحات

Index of Terminology